# Dutch Oven Rezeptbuch XXL

## 600 Tage Das XXL Kochbuch mit einfachen und leckeren Rezepten: Ideal für Outdoor-Fans, Hobbyköche und Camper – Grillen und kochen

Susanne Krüger

# Table of Contents

## Dutch Oven

Der Dutch Oven ist in Deutschland immer beliebter. Dabei stellt sich für jeden leidenschaftlichen Koch die Frage, ob es sich tatsächlich lohnt einen Dutch Oven anzuschaffen. Was steckt überhaupt hinter dem Dutch Oven und was muss bei der Pflege beachtet werden? Für welches Modell sollten Sie sich entscheiden und was muss beim Kauf beachtet werden?

## Was ist ein Dutch Oven?

Der Dutch Oven ist im Trend, doch dabei taucht dennoch immer wieder die Frage auf, um was es eigentlich handelt. Der Dutch Oven ist ein Topf, der aus besonders dicken Wänden besteht und aus Gusseisen gefertigt ist. Der Dutch Oven kann besonders vielseitig eingesetzt werden und wird gerne zum Backen, Kochen, Schmoren, aber auch Braten verwendet. Der Dutch Oven ist vor allem durch sein besonderes Erscheinungsbild bekannt. Inzwischen ist er mit und ohne Füße erhältlich. Die Version mit Füßen wird besonders gerne über dem Feuer verwendet.

So bekommen Sie ein ganz neues Kocherlebnis und funktioniert ähnlich wie ein Backofen, da sich die Hitze im Inneren des Gusstopfes gleichmäßig verteilt. Das Material hat außerdem einen weiteren Zweck, denn es soll die Wärme möglichst lange im Inneren halten. Im Indoor-Bereich kommen die Töpfe natürlich nur ohne Füße vor, sodass sie auf einem normalen Herd verwendet werden können.

## Woher kommt der Dutch Oven?

Diese Art von Topf ist tatsächlich keine neuartige Empfindung, sondern entstand vermutlich schon vor rund 300 Jahren. Eine genaue Entstehungsgeschichte gibt es dabei nicht, sondern es wird davon ausgegangen, dass ein Engländer reisen wollte und dabei versuchte von den Holländern abzuschauen, wie diese mit Gusseisen umgingen. Der Engländer ging dann mit einem ähnlichen Verfahren zurück in die Heimat und nannte die Töpfe Dutch Oven. Es gibt jedoch auch noch weitere Überlieferungsgeschichten, sodass bis heute nicht eindeutig geklärt werden konnte, woher der Dutch Oven stammt.

Fakt ist jedoch, dass sich ähnliche Töpfe zeitgleich auf der ganzen Welt verbreitet haben und der der Dutch Oven definitiv keine neuartige Erfindung ist.

## In was für Varianten ist der Dutch Oven erhältlich?

Der Dutch Oven ist heutzutage schon in mehreren Varianten erhältlich. Wie bereits eingangs erwähnt ist er mit und ohne Füße erhältlich. Die klassische Version ist übrigens der Topf mit Füßen, der dazu noch einen Deckel und einen hochgezogenen Rand besitzt, damit die Hitze noch besser im Inneren bleibt.

Mittlerweile ist aber auch eine Variation des Dutch Oven beliebt, der über drei Punkte über dem offenen Feuer aufgehängt werden kann, sodass dieser direkt über dem Feuer schwebt. Die Befestigung erfolgt dabei meist mit einer Kette. Die Konstruktion muss beim Gewicht des Topfes jedoch sehr stabil sein.

Besonders beliebt ist auch der herkömmliche Dutch Oven, der nicht draußen in der Natur eingesetzt werden muss, sondern ganz normal auf dem Küchenherd verwendet werden kann. Auch dort erfreut er sich größter Beliebtheit.

## Was sollte vor dem ersten Einsatz beachtet werden?

Bevor Sie Ihren Dutch Oven in Betrieb nehmen können, sollten Sie einige Dinge beachten. Das hängt damit zusammen, dass der Topf aus Gusseisen besteht. Damit das Material nicht beschädigt wird, erfolgt die Lieferung meistens mit einer Schutzschicht. Diese kann jedoch auch leicht übersehen werden. Schauen Sie daher genau hin und waschen sie den Dutch Oven zuerst gründlich aus.

Die Schutzschicht und eventuelle Rückstände aus der Produktion können giftig sein und sollten daher in jedem Fall vorher gründlich abgewaschen werden. Dennoch dürfen Sie den Topf keinesfalls einfach in die Spülmaschine geben. Die Reinigung sollte mit etwas warmem Wasser und einem natürlichen Spülmittel erfolgen. Seien Sie wirklich vorsichtig, weil der Dutch Oven auf keinen Fall versehentlich entfettet werden darf. Einige seiner wichtigen Funktionen laufen dann nicht mehr wie gewünscht. Nutzen Sie auf keinen Fall einen zu aggressiven Reiniger.

Zur Reinigung sollte außerdem ein weicher Schwamm verwendet werden, der nicht zu einer Reizung des Materials führt. Wenn der Dutch Oven noch einen künstlichen und unangenehmen Geruch hat, dann ist das ein deutliches Zeichen dafür, dass noch Rückstände im Topf enthalten sind. Daher sollten Sie den Topf ruhig mehrmals ausspülen. Hierbei machen die unterschiedlichen Preiskategorien in der Regel schon einen großen Unterschied.

## Der erste Einsatz des Dutch Oven

Auch bei der ersten Verwendung des Topfes sollte einiges beachtet werden. Das sogenannte Einbrennen startet nämlich mit der ersten Anwendung. Das darf jedoch erst stattfinden, wenn die Reinigung des Topfes bereits vollständig erfolgt ist. Beim Dutch Oven spielt die sogenannte Patina eine wichtige Rolle. Hierbei handelt es sich um eine sogenannte Fettschicht im Topf. Diese ist von großer Bedeutung, da es sonst schnell passieren kann das Dinge sich festbrennen oder der Dutch Oven sogar rosten kann.

Je ordentlicher und gründlicher Sie das erste Einbrennen vornehmen, desto länger werden sie auch etwas von dem Topf haben. Um das Einbrennen starten zu können, müssen Sie einfach nur irgendeine Art von Speiseöl verwenden, besonders Sonnenblumenöl eignet sich sehr gut. Das Öl sollte gleichmäßig im gesamten Topf verteilt werden. Dabei dürfen Sie ruhig großzügig sein. Es sollte sich eine gleichmäßige Schicht bilden. Vergessen Sie auf keinen Fall den Deckel, auch dieser sollte eingeölt werden.

Um den Dutch Oven perfekt Einbrennen lassen zu können, sollte er mit der Öffnung nach unten auf die Feuerstelle gestellt werden. Dafür sollte unbedingt eine stabile Halterung verwendet werden. Nach etwa einer Stunde können Sie damit rechnen, dass sich eine ausreichende Patina gebildet hat. Wenn die Beschichtung innen langsam dunkel wird, dann weißt das darauf hin, dass eine gute Ölschicht entstanden ist. Sie sollten sich auf keine Sorgen machen, wenn sich die Patina sogar schwarz färbt, dass ist ganz normal. Nach dem Einbrennen sollten Sie jedoch noch nicht direkt mit dem Kochen beginnen, sondern den Dutch Oven erst langsam abkühlen lassen.


## Regelmäßige Reinigung des Dutch Oven

Die Reinigung ist sehr wichtig und sollte gleichermaßen vorsichtig erfolgen. Der Topf sollte daher unbedingt nur mit warmem Wasser ausgewaschen werden, Spülmittel sollten hierbei nicht zum Einsatz kommen, denn diese zerstören die Patina. Wenn Speisereste sich schwerer entfernen lassen, dann sollte der Topf eingeweicht werden. Dann lassen sich auch hartnäckige Reste in der Regel leicht entfernen.

Wenn es doch vorkommt, dass die Patina zerstört wird, müssen Sie ein komplettes neues Einbrennen durchführen, um wieder eine Fettschicht herzustellen. Das sollte im Normalfall jedoch nicht so schnell passieren.

## Einsatzgebiete für den Topf

Mit dem Dutch Oven können viele Gerichte gekocht werden, aber eben auch nicht alles. Kochen ist problemlos mit dem Topf möglich, hier gibt es eine Vielzahl von Rezepten, die sich sehr gut eignen. Hier müssen Sie eigentlich nichts Besonderes beachten, außer das sich Speisen über dem Feuer manchmal etwas anders verhalten können.

Back im Dutch Oven ist außerdem möglich, hier sollte Backpapier zum Einsatz kommen, damit nichts hängen bleiben kann. Wenn Sie kein Backpapier verwenden wollen, dann kann auch Fett und etwas Öl zum Einsatz kommen. Ein leckeres Brot in dem Topf zuzubereiten ist kein Problem. Wenn der Topf über dem Feuer verwendet wird, dann kommt bei dem Brot noch ein ganz besonderes Aroma hinzu.

Aber auch Frittieren mit dem Topf ist überhaupt kein Problem. Ähnlich sieht es mit rösten aus.


### Vorteile vom Dutch Oven

Der Dutch Oven ist aufgrund seiner Vielseitigkeit besonders beliebt. Gerade wenn Sie gerne Kochen kann der Topf Ihnen fast alles Wünsche erfüllen. Vor allem die Ergebnisse sprechen für sich und bieten nicht nur ein einzigartiges Kocherlebnis, sondern werden auch noch besonders zart. Der Dutch Oven kann damit zurecht als ein richtiger Allrounder bezeichnet werden. Das gilt übrigens sowohl für deftige als auch für süße Speisen.

Gerade beim Camping ist der Dutch Oven sehr beliebt, denn mit einem Topf haben Sie hier alle Möglichkeiten. Zudem sind Sie mit dem Topf nicht eingeschränkt, sondern können vorher wählen, ob sie im Backofen, über Holzkohle, auf dem Herd oder mit richtigem Feuer arbeiten möchten. Gerade wenn Sie gerne draußen kochen, wird der Dutch Oven Ihnen alle Wünsche erfüllen können.

Durch das Gusseisen werden die Speisen im Inneren nicht nur enorm heiß, sondern die Hitze wird auch noch lange und vor allem gleichmäßig gespeichert. So können Sie gewährleisten, dass beispielsweise Öl über einen längeren Zeitraum seine Temperatur behält. Das ist bei einigen Rezepten von größter Wichtigkeit.


### Was beim Kauf des Dutch Oven beachtet werden sollte

Inzwischen gibt es viele Firmen, die auf den Trend des Dutch Oven aufgesprungen sind und einen ähnlichen Topf anbieten. Da ist es ganz normal, dass es Ihnen schwerfällt eine Entscheidung zu treffen. Einige Aspekte sollten Sie daher unbedingt bei der Kaufentscheidung beachten.

Die Wände des Topfes sollten möglichst stabil und vor allem gleich dick sein, ansonsten kann es zu einer unregelmäßigen Verteilung der Hitze kommen, was sich später als sehr großer Nachteil erweisen wird. Außerdem sollte das Gusseisen von möglichst guter Qualität sein. Das bedeutet, dass es möglichst fein und gleichzeitig massiv sein sollte. Dabei sind bei näherem Hinschauen kleine Poren erkennbar. Diese können verhindern, dass Feuchtigkeit direkt im Material landen kann. Ein Problem kann außerdem sein, dass die Außenwände des Topfes reißen könnten. Bei qualitativ hochwertigen Töpfen dürfte dieses in der Regel jedoch nicht vorkommen, eindringende Feuchtigkeit kann der Auslöser sein.

Zudem sollte der Henkel des Topfes besonders stabil sein, denn er muss das Gewicht des gesamten Topfes halten können. Dazu kommt dann auch noch das Gewicht der zubereiteten Speisen, was nicht unterschätzt werden darf.

Auch der Deckel spielt eine wichtige Rolle. Er sollte gut passen und vor allem dicht abschließen, damit weder Wärme noch Dampf beim Kochen entweichen können. Zudem sollte der Dutch Oven einen hohen Rand haben, damit z.B. Kohle sicher platziert werden kann, denn diese sollte nicht einfach herunterfallen können.

Ein Ausguss sollte zudem im Topf vorhanden sein, damit Speisen schneller abgegossen werden können, denn das Gewicht des Topfes ist doch sehr hoch.


## Die richtige Größe finden

Neben den genannten Aspekten spielt außerdem die richtige Größe des Dutch Oven eine wichtige Rolle. Die Größe hängt zum einen davon ab wie viele Personen bekocht werden sollen, aber auch was Sie genau zubereiten möchten.

Oftmals sind die Größenangaben in Zoll, sodass Sie diese umrechnen müssen. Ein Topf mit 2 Litern eignet sich höchstens für eine Person oder für Saucen etc. 4 Liter eigenen sich für 3-4 Personen sehr gut. Der 6 Liter Topf ist besonders beliebt und kann auch für bis zu 8 Personen zum Einsatz kommen. Es gibt aber natürlich auch noch ein größeres Fassungsvermögen. Bis zu 12 Liter sind ohne Probleme möglich. Bestenfalls sollten Sie nach der Anzahl der Personen gehen und einen Liter pro Person einberechnen, dass sollte eine gute Faustformel sein.


## Praktisches Zubehör für den Dutch Oven

Wenn Sie schon dabei sind einen Dutch Oven zu suchen, dann kann es sinnvoll sein, sich auch direkt mit dem passenden Zubehör zu beschäfigen. Ein Deckelheber ist dabei von sehr großem Vorteil. Das liegt daran, dass der Deckel nicht nur schwer ist, sondern beim Kochen sogar sehr heiß wird. Wenn Sie den Deckel unterdessen anheben möchten, wir zwangsläufig ein Deckelheber benötigt, mit dem der Deckel problemlos hochgenommen werden kann. Bei hochwertigen Sets ist meist auch schon ein Deckelheber dabei.

Grillhandschuhe sind beim Dutch Oven ebenfalls sehr praktisch, weil nicht nur der Deckel heiß wird, sondern der gesamte Topf. Die Handschuhe sollten dann auch besonders dick und fest sein, damit Sie gleichzeitig genügend Halt haben.

Auch ein Anzündkamin kann auch in der Praxis sehr hilfreich sein. Briketts können so innerhalb von kürzester Zeit zum Anzünden gebracht werden. Damit macht das Kochen mit dem Dutch Oven noch mehr Spaß.

Auch der passende Löffel ist sehr wichtig, denn mit den falschen Utensilien kann die Schicht im Topf auch schnell beschädigt werden. Am Besten eignet sich daher ein hochwertiger Löffel aus Holz. Dieser kann das Innere vom Topf dann auch nicht zerkratzen, darauf sollten Sie unbedingt achten.

### Hinweise im Umgang mit dem Dutch Oven

Es gibt einige Dinge, die im Zusammenhang mit dem Dutch Oven unbedingt beachtet werden. Dazu gehört die richtige Lagerung des Topfes. Es ist sehr wichtig, dass er trocken gelagert wird. Dabei dürfen mehrere Töpfe nicht einfach gestapelt werden, denn sie können sich gegenseitig beschädigen. Zudem ist es wichtig, dass an das Innere jeden Topfes Luft kommt, damit das Öl im Inneren nicht ranzig wird. Das passiert immer dann, wenn die Luft nicht genügend zirkulieren kann. Das wiederum wirkt sich leider auch direkt auf den Geschmack des Essens aus. Genauso sollte auch kein Wasser im Topf verbleiben, denn die Feuchtigkeit sorgt dafür, dass der Dutch Oven früher oder später rosten wird.

Zudem darf wie bereits erwähnt kein Spülmittel verwendet werden, Das gilt insbesondere dann, wenn der Dutch Oven schon eine funktionierende Patina hat. Diese wird durch das Spülmittel nämlich vollständig zerstört.

Wenn der Topf leer ist, darf er niemals so über der Hitze stehen, denn das kann dazu führen, dass das Gusseisen sich nicht nur verformt, sondern sogar brechen kann. Wenn der Dutch Oven bereits erwärmt ist, dürfen Sie auch keine kalten Flüssigkeiten hineingeben, denn das kann ebenfalls dazu führen dass der Topf platzt.

Die richtige Kohle spielt bei Dutch Oven außerdem eine wichtige Rolle. Briketts sind dabei besonders beliebt, weil sie sich gut dosieren lassen, eine längere Brenndauer als Holzkohle haben und die Hitze gleichmäßig abgeben. Dabei sollten Sie für den Dutch Oven einen windgeschützten Platz suchen, damit die Briketts durch den Wind nicht schneller verbrennen.

Je nach Brennstoff entwickelt der Dutch Oven außerdem eine unterschiedliche Hitze. Hier macht vor allem Übung den Meister, es gibt jedoch auch einige nützliche Richtwerte. So ist eine Faustformel, dass die Größe des Dutch Ovens in Zoll verdoppelt werden muss. Das ergibt dann die notwendige Anzahl an Briketts. Das sollten Sie ausprobieren und je nach Außentemperatur dann immer etwas anpassen und einige Briketts mehr oder weniger verwenden. Ist die Außentemperatur gering, muss die Kohle natürlich eine noch höhere Temperatur erzielen.

Auch die Verteilung der Briketts spielt eine wichtige Rolle. Beim Backen sollte ¼ der Briketts auf der Unterseite platziert werden und ¾ oben auf dem Deckel. Beim Kochen jedoch sollten 2/3 unten und 1/3 oben platziert werden.

Wenn Sie kochen und dann feststellen, dass Wasserdampf entweicht, sobald Sie den Deckel heben, dann kann das ein Hinweis darauf sein, dass der Dutch Oven zu heiß ist. Kleiner Geheimtipp: Der heiße Deckel kann auch hervorragend als Pfanne verwendet werden.

Die Anwendung an sich ist einfach, es gibt inzwischen viele Rezepte, die speziell auf den Dutch Oven angepasst sind. Sie können also loslegen, als wäre es ein ganz normaler Topf. Wichtig ist nur, dass die oben genannten Tipps angewendet werden, damit nichts schief gehen kann. Sobald Sie fertig mit kochen sind, sollten Sie schon lauwarmes Wasser hineinfüllen, damit alles gut einweichen kann.


## <u>Auf Qualität setzen</u>

Wenn Sie sich für den Dutch Oven entschieden haben, dann ist das eine sehr tolle Entscheidung, die Sie sicherlich nicht bereuen werden, weil der Topf so unfassbar vielseitig ist und in der Anwendung gar nicht so viel beachtet werden muss.

Beim Kauf ist es von größter Wichtigkeit, dass Sie auf Qualität setzen, nur so werden sie einen Topf mit langer Lebensdauer erhalten. Dabei kann ein Dutch Oven je nach Hersteller auch durchaus etwas teurer sein, was jedoch auch immer vom jeweiligen Fassungsvermögen und den Zubehörteilen abhängig ist.

Wenn bereits Zubehör vorhanden ist, kann das sehr vorteilhaft sein, weil Sie dann nicht noch nach passenden Teilen suchen müssen, sondern diese direkt mitgeliefert werden. Auch beim Zubehör sollte jedoch auf die entsprechende Qualität geachtet werden. Die wichtigsten Kriterien für eine Kaufentscheidung kennen Sie bereits. Es ist wichtig, dass Sie den Topf vor dem Kauf ganz genau anschauen, um ausschließen zu können, dass er Schwachstellen hat, die Ihnen später auch zum Verhängnis werden können.

Es ist daher immer empfehlenswert auf Qualität zu setzen, selbst wenn Sie den Dutch Oven erst einmal nur testen möchten. Ist das Material hochwertig, dann wirkt sich das direkt auf das Kochen und die fertigen Ergebnisse aus. Die sind dann übrigens besonders zart und knusprig und bekommen durch das offene Feuer ein ganz besonderes unverwechselbares Aroma.

Aufgrund seiner Vielseitigkeit eignet sich der Dutch Oven eigentlich für jeden!

# Fleischgerichte

## Geflügel

## Hawaii Topf
### *15 Min. Zubereitungszeit / 0 Min. Ruhezeit / 25 Min. Kochzeit*

## Zutaten für 4 Portionen:

- 1 Ananas, in Stücken
- 1 Bund Lauchzwiebeln, in Stücke
- 1 EL Sojasoße
- 2 EL Ketchup
- 1 Dose Kokosmilch
- 500 g Hähnchenbrustfilet, in Stücken
- 1 Paprika Trio, in Stücken
- 1 EL Balsamico-Essig
- 1 EL Honig
- 1 Knoblauchzehe, gehackt
- 1 Glas Bambussprossen, abgetropft
- 1 EL Kokosöl

## Zubereitung:

1. Geben Sie ihren Dutch Oven Topf auf die Feuerstelle und erhitzen Sie darin das Kokosöl.
2. Braten Sie den Knoblauch mit dem Hähnchenfleisch darin an. Geben Sie den Essig sowie den Honig dazu und rühren Sie die Sojasoße und den Ketchup ein.
3. Das Gemüse dazugeben und alles mit der Kokosmilch ablöschen.
4. Den Hawaii Topf für 20 Minuten köcheln lassen.

## Hähnchen Bacon Spieße
### *10 Min. Zubereitungszeit / 0 Min. Ruhezeit / 15 Min. Kochzeit*

## Zutaten für 4 Portionen:

- 500 g Hähnchengulasch, in Stücken
- 200 g Bacon in Scheiben
- 2 Zwiebeln, in Viertel
- 2 Paprika gelb, in Stücke
- Pfeffer
- Öl zum Braten

## Zubereitung:

1. Nehmen Sie ihre Schaschlik Spieße und schichten Sie die Paprika, Fleisch und Zwiebeln darauf auf.
2. Umwickeln Sie jedes Fleischstück mit Bacon und Pfeffern Sie die Spieße.
3. Erhitzen Sie den Deckel ihres Dutch Oven Topfes und geben Sie das Öl sowie die Spieße hinein.
4. Die Spieße von jeder Seite knusprig garen.

**Hähnchen Blue**
***10 Min. Zubereitungszeit / 0 Min. Ruhezeit / 15 Min. Kochzeit***

## Zutaten für 4 Portionen:

- 4 Hähnchenbrustfilet
- 4 Scheiben Kochschinken
- 4 Scheiben Käse
- 200 g Bacon, in Scheiben
- Salz & Pfeffer
- 4 EL Pesto
- Öl zum Braten

## Zubereitung:

1. Nehmen Sie die Hähnchenbrust und schneiden Sie diese ein, so dass Sie diese füllen können.
2. Geben Sie jeweils etwas Kochschinken und Käse hinein.
3. Bestreichen Sie die Filets mit dem Pesto und wickeln Sie den Bacon darum.
4. Erhitzen Sie den Deckel ihres Dutch Oven Topfes und braten Sie die Filets von jeder Seite für 7 Minuten an.

**Spargel Topf**
*10 Min. Zubereitungszeit / 0 Min. Ruhezeit / 15 Min. Kochzeit*

## Zutaten für 4 Portionen:

- 500 g grüner Spargel, in Stücke
- 500 g Hähnchenfleisch, in Stücke
  - 2 EL Butter
  - 1 Zitronensaft
  - 300 ml Sauce Hollandaise
  - 1 Bund Petersilie, zum Garnieren
  - Salz & Pfeffer

## Zubereitung:

1. Feuern Sie 6 Briketts in ihrem Anzündkamin an.
2. Geben Sie den Topf darauf und schmelzen Sie die Butter.
3. Braten Sie den Spargel sowie das Fleisch darin an und geben Sie die Gewürze und den Zitronensaft hinein.
4. Mit der Sauce Hollandaise auffüllen und alles für 10 Minuten köcheln lassen.
5. Abschmecken und mit frischer Petersilie servieren.

# Frikadellen
### *10 Min. Zubereitungszeit / 0 Min. Ruhezeit / 10 Min. Kochzeit*

## Zutaten für 4 Portionen:

- 500 g Hähnchen Hackfleisch
- 1 Feta
- 4 EL Tomatenmark
- 1 Zwiebelsuppe, Beutel
- 1 Ei
- 4 EL Haferflocken
- 1 Knoblauchzehe, gehackt
- Öl zum Braten

## Zubereitung:

1. Verkneten Sie das Hackfleisch mit der Zwiebelsuppe, Haferflocken, Ei und dem Knoblauch.
2. Formen Sie daraus 4 Frikadellen.
3. Geben Sie den Feta mit dem Tomatenmark in eine Schüssel und zerdrücken Sie diesen, dann formen Sie daraus kleine Kugeln.
4. Jeweils eine Kugel in die Frikadelle stecken und das Hackfleisch darum verschließen.
5. Den Deckel ihres Dutch Oven Topfes erhitzen und das Öl hineingeben. Die Frikadellen von jeder Seite für ca. 4-5 Minuten knusprig braten.

# Majoran Hähnchen
### *10 Min. Zubereitungszeit / 0 Min. Ruhezeit / 25 Min. Kochzeit*

## Zutaten für 4 Portionen:

- 4 Hähnchenschenkel
- 80 g Butter
- 1 Bund Majoran
- 1 Zitronensaft & Abrieb
- Salz & Pfeffer
- 2 EL Öl
- Paprikapulver

## Zubereitung:

1. Vermischen Sie die Butter mit dem Majoran und dem Zitronenabrieb in einem Mixer zu einer Kräuterbutter.
2. Nehmen Sie die Hähnchenschenkel und lösen Sie vorsichtig die Haut ein Stück. Die Butter unter die Haut streichen und die Haut wieder andrücken.
3. Die Hähnchen mit Öl bepinseln und mit Salz, Pfeffer und Paprikapulver würzen.
4. Erhitzen Sie ihren Dutch Oven Topf und geben Sie die Hähnchenschenkel hinein.
5. Braten Sie diese scharf an und lassen Sie die Schenkel für weitere 20 Minuten bei geschlossenem Deckel garen.
6. Wenn Sie die Schenkel hochhalten, sollte kein rosiger Saft mehr austreten.

**BBQ Wings**
*10 Min. Zubereitungszeit / 60 Min. Ruhezeit / 25 Min. Kochzeit*

## Zutaten für 4 Portionen:

- 1 Kg Wings
- 1 Zwiebel, gehackt
- 1 Knoblauchzehe, gehackt
- 200 ml BBQ Soße
- 1 Chili, gehackt

## Zubereitung:

1. Geben Sie alle Zutaten in den Dutch Oven Topf und lassen die Wings darin für 60 Minuten marinieren.
2. Erhitzen Sie 12 Briketts und geben Sie den Topf auf 6 Stück.
3. Legen Sie die anderen auf den Deckel und lassen Sie die Wings für 20 Minuten darin garen.
4. Nehmen Sie die Wings aus der Soße und legen Sie ihren Deckel auf die Glut.
5. Die Wings von allen Seiten Knusprig braten und mit der Soße servieren.

**Buscetta Hähnchen**
*15 Min. Zubereitungszeit / 0 Min. Ruhezeit / 20 Min. Kochzeit*

| <u>**Zutaten für 4 Portionen:**</u> | <u>**Zubereitung:**</u> |
|---|---|
| <ul><li>1 kg Strauchtomaten, gehackt</li><li>1 Bund Basilikum, gehackt</li><li>1 Zwiebel, gehackt</li><li>3 Knoblauchzehen, gehackt</li><li>2 EL Öl</li><li>Salz & Pfeffer</li><li>Baguette, in Scheiben</li><li>2 EL Balsamico Essig</li><li>500 g Hähnchenbrust, in Streifen</li></ul> | 1. Erhitzen Sie den Dutch Oven Topf und geben Sie das Öl sowie das Fleisch und den Knoblauch hinein.<br>2. Braten Sie das Fleisch gut an.<br>3. Geben Sie die Tomaten dazu und lassen Sie diese verkochen.<br>4. Die Zwiebel und das Basilikum unterheben.<br>5. Den Balsamico einrühren und die Mischung für weitere 15 Minuten köcheln lassen.<br>6. Mit dem Baguette servieren. |

**Mozzarella Rollen**
*15 Min. Zubereitungszeit / 0 Min. Ruhezeit / 15 Min. Kochzeit*

## <u>Zutaten für 4 Portionen:</u>

- 4 Hähnchenschnitzel
- 1 Mozzarella in Scheiben
- 200 g Bacon, in Scheiben
- 4 EL Pesto, rot
- Salz & Pfeffer
- Öl zum Braten

## <u>Zubereitung:</u>

1. Klopfen Sie die Schnitzel etwas flach, würzen Sie die Schnitzel mit Salz und Pfeffer und belegen Sie jedes Schnitzel mit 1 Scheibe Mozzarella, rollen Sie das Schnitzel darum herum auf.
2. Wickeln Sie das Schnitzel in Bacon ein.
3. Die Schnitzel mit dem Pesto bestreichen und den Deckel ihres Dutch Oven Topfes erhitzen.
4. Braten Sie die Schnitzel darin von jeder Seite für ca. 4-6 Minuten knusprig.

**Chili Cheese Bloopers**
*10 Min. Zubereitungszeit / 0 Min. Ruhezeit / 15 Min. Kochzeit*

## <u>Zutaten für 4 Portionen:</u>

- 500 g Hähnchenhackfleisch
- 2 Japapenos, in Scheiben
- 200 g Cheddar, gerieben
- 1 Ei
- 8 EL Semmelbrösel
- Salz & Pfeffer
- Öl zum Ausbraten

## <u>Zubereitung:</u>

1. Verkneten Sie das Hackfleisch mit dem Käse, Jalapenos sowie Pfeffer und Salz.
2. Formen Sie daraus kleine Kugeln.
3. Rühren Sie das EI schaumig und geben Sie jede Kugel hinein. Danach in den Semmelbrösel wälzen und diese andrücken.
4. Erhitzen Sie ihren Dutch Oven Topf und geben Sie etwas Öl zum Braten hinein.
5. Die Kugeln von allen Seiten knusprig braten und für weitere 10 Minuten leicht garen.

**Achtung! Der Käse ist sehr heiß im inneren!**

# Apfel Hähnchen Spieße
### *20 Min. Zubereitungszeit / 0 Min. Ruhezeit / 15 Min. Kochzeit*

## Zutaten für 4 Portionen:

- 500 g Hähnchenbrust, in Stücken
- 200 g Bacon, in Scheiben
- 2 Äpfel, in Stücken
- 2 Zwiebeln, in Stücke
- 1 EL BBQ Rub
- 1 EL Honig
- 2 EL Öl

## Zubereitung:

1. Geben Sie das Hähnchenfleisch mit dem Honig, Öl und dem Rub in eine Schüssel und mischen Sie alles gut durch.

2. Die Fleischstücke mit Bacon umwickeln und nach einander mit den anderen Zutaten auf Spieße aufstecken. Bei Holzspießen, diese vorher 10 Minuten im kalten Wasser quellen lassen.

3. Den Deckel ihres Dutch Oven Topfes erhitzen und die Spieße von jeder Seite für 4 Minuten knusprig braten.

**Zitronenhähnchen**
*10 Min. Zubereitungszeit / 60 Min. Ruhezeit / 30 Min. Kochzeit*

## Zutaten für 2 Portionen:

- 1 Hähnchen
- 4 Zitronen
- 1 Bund Zitronenmelisse, gehackt
- 3 EL Butter

## Zubereitung:

1. Geben Sie den Zitronensaft, Melisse und die Butter in einen Mixer. Pürieren Sie die Mischung und reiben Sie damit das Hähnchen ein.
2. Lassen Sie das Hähnchen für 60 Minuten ruhen.
3. Erhitzen Sie 16 Briketts und stellen Sie ihren Dutch Oven Topf auf 8 Stück drauf.
4. Das Hähnchen von allen Seiten anbraten.
5. Den Deckel auflegen und die restlichen 8 Briketts darauf verteilen.
6. Das Hähnchen für 25 Minuten garen lassen.

**Puten Steaks**
*10 Min. Zubereitungszeit / 60 Min. Ruhezeit / 12 Min. Kochzeit*

## Zutaten für 4 Portionen:

- 4 Putenbrustfilet
- 2 Knoblauchzehen, gehackt
- 2 EL Öl, zum Braten
- 1 Bund Petersilie, gehackt
- 1 Bund Basilikum, gehackt
- 2 getrocknete Tomaten in Öl
- 1 TL Tomaten-Öl
- 50 g Mandelsplitter

## Zubereitung:

1. Die Putenbrust von Sehnen befreien und in eine Schale geben.
2. Das Tomaten-Öl, Tomaten, Knoblauch, Mandelsplitter und Kräuter zu einer Paste verarbeiten.
3. Die Paste mit dem Fleisch verkneten und das Fleisch 60 Minuten ziehen lassen.
4. Den Deckel von ihrem Dutch Oven Topf erhitzen und das Öl zum Braten darauf geben.
5. Das Fleisch von jeder Seite für 6 Minuten knusprig garen.

**Puten Steaks Chili**
*10 Min. Zubereitungszeit / 60 Min. Ruhezeit / 12 Min. Kochzeit*

## Zutaten für 4 Portionen:

- 4 Putenbrustfilet
- 2 Knoblauchzehen, gehackt
- 2 EL Öl, zum Braten
- ½ Bund Knoblauchgras, gehackt
- 1 Bund Koriander, gehackt
- 1 Chili, gehackt
- 5 g Ingwer, gehackt
- 1 EL Sesamöl
- 1 EL Sojasoße

## Zubereitung:

1. Vermischen Sie alle Zutaten, außer dem Öl zum Braten und dem Fleisch, zu einer Marinade.
2. Die Marinade mit dem Fleisch vermischen und das Fleisch 60 Minuten ziehen lassen.
3. Den Deckel von ihrem Dutch Oven Topf erhitzen und das Öl zum Braten darauf geben.
4. Das Fleisch von jeder Seite für 6 Minuten knusprig garen.

## Putenbrust Gorgonzola Spinat
### *10 Min. Zubereitungszeit / 0 Min. Ruhezeit / 14 Min. Kochzeit*

## Zutaten für 4 Portionen:

- 4 Putenbrustfilet
- 200 g Spinat, frisch
- 150 g Gorgonzola
- 1 EL Öl
- 1 getrocknete Tomate in Öl, gehackt
- Pfeffer & Salz
- 1 EL Öl zum Braten

## Zubereitung:

1. Schneiden Sie die Putenbrust ein, so dass Sie eine Tasche zum Füllen erhalten.
2. Verkneten Sie den Gorgonzola mit der Tomate und dem Spinat und geben Sie diese Füllung in die Putenbrust.
3. Würzen Sie die Putenbrust mit Pfeffer und Salz und erhitzen Sie das Öl in ihrem Deckel, des Dutch Oven Topfes.
4. Braten Sie die Putenbrust von jeder Seite für 7 Minuten.

## Knoblauch Pfanne
### *10 Min. Zubereitungszeit / 0 Min. Ruhezeit / 15 Min. Kochzeit*

## Zutaten für 4 Portionen:

- Entenbrustfilet, in Streifen
- 6 Knoblauchzehen, gehackt
- 4 EL Knoblauch-Öl
- Salz & Pfeffer
- 1 Packung Gnocchi
- 200 ml Sahne
- 1 Schmelzkäse, Kräuter

## Zubereitung:

1. Erhitzen Sie das ihren Dutch Oven Topf und geben Sie das Öl mit der Entenbrust hinein.
2. Braten Sie diese knusprig und fügen Sie die Knoblauchzehen sowie die Gnocchi hinzu. Beides mit anbraten.
3. Mit der Sahne ablöschen und den Schmelzkäse einrühren. Abschmecken und bei Bedarf mit Salz und Pfeffer würzen.
4. Die Mischung für weitere 5 Minuten köcheln lassen und servieren.

**Kirschtomaten Pfanne**
*15 Min. Zubereitungszeit / 0 Min. Ruhezeit / 15 Min. Kochzeit*

## Zutaten für 4 Portionen:

- 500 g Putengulasch, in Stücken
- 20 Kirschtomaten
- 1 Zwiebel, gehackt
- 1 Knoblauchzehe, gehackt
- 200 ml Milch
- 100 g Gorgonzola
- 200 g Spinat, frisch
- 1 EL Öl
- Salz & Pfeffer

## Zubereitung:

1. Bringen Sie 6 Briketts zum Brennen und geben Sie ihren Dutch Oven auf die Hitzequelle.
2. Erhitzen Sie das Öl darin und braten Sie das Fleisch mit Salz und Pfeffer an.
3. Dann geben Sie die Zwiebel, Knoblauch und den Spinat hinein und braten diese Zutaten mit an.
4. Löschen Sie alles mit der Milch ab, rühren Sie den Gorgonzola ein und lassen Sie diesen schmelzen.
5. Die Kirschtomaten hineingeben und alles für 5-10 Minuten köcheln lassen.

**Honig Chili Hähnchen**
*10 Min. Zubereitungszeit / 60 Min. Ruhezeit / 15 Min. Kochzeit*

## Zutaten für 4 Portionen:

- 1 Chili, gehackt
- 2 EL Honig
- 2 EL Öl
- 500 g Hähnchengulasch, in Stücken

## Zubereitung:

1. Geben Sie das Fleisch mit den anderen Zutaten in eine Schüssel und vermengen Sie alles gut.
2. Lassen Sie das Fleisch für 60 Minuten ruhen.
3. Erhitzen Sie 8 Briketts und geben Sie ihren Dutch Oven Topf darauf.
4. Die komplette Mischung mit dem Fleisch hineingeben und alles für 5 Minuten stark anbraten.
5. Danach für 10 Minuten weitergaren und servieren.

**Stapel Huhn**
***15 Min. Zubereitungszeit / 120 Min. Ruhezeit / 2 Std. Kochzeit***

## Zutaten für 4 Portionen:

- 3 Kg Hähnchenbrust, in Scheiben
- 2 Paprika rot, gehackt
- 3 Zwiebel, gehackt
- 400 g Bacon, in Scheiben
- 250 g BBQ Soße
- 100 g Rub Ankerkraut Magic Dust

## Zubereitung:

1. Würzen Sie das Fleisch mit dem Rub und lassen Sie diese für 2 Stunden ziehen.
2. Erhitzen Sie ihre Feuerstelle mit 15 Briketts und legen Sie den Dutch Oven Topf mit den Bacon Scheiben aus.
3. Schichten Sie die anderen Zutaten nach und nach hinein. Die obere Schicht sollte Fleisch sein.
4. Geben Sie die Soße darüber und den Deckel auflegen. 10 Briketts auf dem Deckel verteilen und die anderen unter den Topf.
5. Das Schichtfleisch so für 3 Stunden garen lassen.

**Paella Hähnchen**
***30 Min. Zubereitungszeit / 0 Min. Ruhezeit / 45 Min. Kochzeit***

## <u>Zutaten für 4 Portionen:</u>

- 500 g Hähnchenfleisch, in Streifen
- 300 g Schinkenspeck, in Würfel
- 3 Lauchzwiebeln, gehackt
- 400 g Risotto-Reis
- Öl
- 1 Paprika rot, gehackt
- 150 g Erbsen, TK
- 3 Lorbeerblätter
- 2 Safranfäden
- 1 EL Curry
- 1 EL Kurkuma
- Salz & Pfeffer
- 1200 ml Brühe
- 1 EL Paprikapulver, edelsüß

## <u>Zubereitung:</u>

1. Erhitzen Sie ihre Briketts, es sollte der gesamte Boden ihres Topfes, auf der Hitze stehen.
2. Geben Sie den Deckel auf die Briketts und braten Sie den Schinkenspeck an.
3. Nun stellen Sie den Topf auf die Hitze und braten das Hähnchen in etwas Öl an.
4. Heben Sie die Paprika, Zwiebeln und Knoblauch unter, geben Sie die Speckwürfel dazu und würzen Sie alles.
5. Den Reis unterheben und die Brühe einrühren. Die Erbsen einrühren und alles für 20-30 Minuten. Bis die Flüssigkeit aufgesogen ist. Die Paella weitere 5 Minuten vor dem Servieren ziehen lassen.

# Rind

**Rindersteak im Mantel**
*10 Min. Zubereitungszeit / 2 Min. Ruhezeit / 15 Min. Kochzeit*

## Zutaten für 2 Portionen:

- 2 Rindersteak
- 60 g Pinienkerne
- 2 EL Öl
- 30 g Parmesan
- 1 Knoblauchzehe, geschält
- 1 Chili, gehackt

## Zubereitung:

1. Geben Sie das Öl, Pinienkerne, Parmesan und die Chilis sowie den Knoblauch in einen Mixer und bereiten Sie eine Paste daraus zu.

2. Bestreichen Sie die Steaks mit dieser Paste und erhitzen Sie den Deckel ihres Dutch Oven.

3. Geben Sie die Rindersteak von jeder Seite für 4 Minuten darauf und lassen Sie die Steaks danach für 2 Minuten ruhen vor dem Anschneiden.

**Rinderbraten**
*15 Min. Zubereitungszeit / 0 Min. Ruhezeit / 120 Min. Kochzeit*

## Zutaten für 4 Portionen:

- 2 Kg Rinderbraten
- 3 Knoblauchzehen, gehackt
- 2 Zwiebeln, gehackt
- 1 Stange Lauch, in Ringen
- 2 Lorbeerblätter
- 2 EL Öl
- 500 ml Rotwein
- 2 Möhren, gehackt
- 1 Zitronensaft
- Pfeffer & Salz
- 3 Zweige Rosmarin
- 2 Zweige Thymian
- 500 ml Rinderfond

## Zubereitung:

1. Erhitzen Sie 12 Briketts in ihrem Anzündkamin.
2. Würzen Sie den Braten mit den Gewürzen.
3. Geben Sie das Öl in den Topf ihres Dutch Oven und Legen Sie das Fleisch hinein, geben Sie die Kräuter und die Lorbeerblätter dazu.
4. Erhitzen Sie den Topf und braten Sie den Braten von allen Seiten scharf an.
5. Den Lauch, Möhren, Zitronensaft und Zwiebel sowie Knoblauch unterheben.
6. Alles mit dem Wein und dem Fond ablöschen und den Braten für 2 Stunden darin kochen lassen. Dafür den Deckelauflegen und 8 Briketts daraufverteilen.

**Rindergulasch**
*15 Min. Zubereitungszeit / 0 Min. Ruhezeit / 45 Min. Kochzeit*

## Zutaten für 4 Portionen:

- 500 g Rindergulasch
- 500 g Bratpaprika
- 4 Zwiebeln, gehackt
- 4 Knoblauchzehen, gehackt
- 500 ml passierte Tomaten
- 1 Dose gehackte Tomaten
- 2 EL Sojasoße
- 1 EL Fischsoße
- 1 EL Currypaste, rot
- 1 EL Öl

## Zubereitung:

1. Erhitzen Sie in ihrem Anzündkamin etwa 15 Briketts.
2. Stellen Sie den Topf auf 5 Briketts und erhitzen Sie das Öl.
3. Braten Sie die Zwiebeln, Currypaste, Knoblauch, Bratpaprika und das Fleisch darin scharf an.
4. Löschen Sie alles mit der Sojasoße, Fischsoße, gehackten und passierten Tomaten ab.
5. Geben Sie den Deckel darauf und verteilen Sie die restlichen Briketts auf dem Deckel.
6. Das Gulasch für 40 Minuten köcheln lassen. Abschmecken und servieren.

**Rumpsteak Garlix**
*15 Min. Zubereitungszeit / 60 Min. Ruhezeit / 7 Min. Kochzeit*

## Zutaten für 4 Portionen:

- 4 Rumpsteak
- 2 EL Öl
- 1 Bund Koriander, gehackt
- 4 Knoblauchzehen, gehackt
- 1 Zitronenabrieb
- 1 Chili, gehackt
- 1 Limettenabrieb, gehackt

## Zubereitung:

1. Geben Sie das Öl, Kräuter und Chili sowie Knoblauch und Zitronenabrieb in einen Mixer, pürieren Sie alles und bestreichen Sie die Steaks damit.
2. Lassen Sie diese bei Zimmertemperatur für 60 Minuten marinieren.
3. Erhitzen Sie den Deckel ihres Dutch Oven Topfes und braten Sie die Steaks von jeder Seite für 3-4 Minuten an.
4. Vor dem Servieren kurz ruhen lassen, so dass die Säfte sich verteilen können.

**Rumpsteak Whiskey**
*15 Min. Zubereitungszeit / 60 Min. Ruhezeit / 7 Min. Kochzeit*

## Zutaten für 4 Portionen:

- 4 Rumpsteak
- 2 EL Öl
- 1 Bund Koriander, gehackt
- 4 Knoblauchzehen, gehackt
- 1 Zitronenabrieb
- 1 Chili, gehackt
- 1 Limettenabrieb, gehackt

## Zubereitung:

1. Geben Sie das Öl, Chili sowie Knoblauch und Whiskey, mit dem Fleisch in eine Form.

2. Lassen Sie die Steaks bei Zimmertemperatur für 60 Minuten marinieren.

3. Erhitzen Sie den Deckel ihres Dutch Oven Topfes und braten Sie die Steaks von jeder Seite für 3-4 Minuten an.

4. Vor dem Servieren kurz ruhen lassen, so dass die Säfte sich verteilen können.

**Rumpsteak Bruscetta**
*15 Min. Zubereitungszeit / 60 Min. Ruhezeit / 7 Min. Kochzeit*

## Zutaten für 4 Portionen:

- 4 Rumpsteak
- 2 EL Öl
- 200 g Strauchtomaten, gehackt
- 1 Bund Basilikum, gehackt
- 4 Knoblauchzehen, gehackt
- 1 Zitronenabrieb
- 2 EL Balsamico-Essig, dunkel

## Zubereitung:

1. Die Tomaten, Basilikum, Knoblauch, Essig und Zitronenabrieb mit dem Öl in einem Mixer zu einer Paste verarbeiten.
2. Die Steaks mit dem Püree in eine Schale geben und 60 Minuten marinieren.
3. Erhitzen Sie den Deckel ihres Dutch Oven Topfes und braten Sie die Steaks von jeder Seite für 3-4 Minuten an.
4. Vor dem Servieren kurz ruhen lassen, so dass die Säfte sich verteilen können.

**Zupf-Rind Cola**
*15 Min. Zubereitungszeit / 0 Min. Ruhezeit / 3 Std. Kochzeit*

## Zutaten für 4 Portionen:

- 400 ml BBQ Soße
- 1 Glas Schattenmorellen, mit Saft
- Salz & Pfeffer
- 2 Kg Rinderbug
- 3 Zwiebeln, gehackt
- 2 EL Schmalz
- 1,5 L Cola
- 150 ml Whisky

## Zubereitung:

1. Erhitzen Sie ihren Dutch Oven und geben Sie das Schmalz hinein. Braten Sie das Fleisch von allen Seiten stark an und legen es zur Seite.
2. Nun Braten Sie die Zwiebeln an und geben die Cola, BBQ Soße und den Whisky hinein.
3. Das Fleisch hineinlegen, mit den Kirschen und dem Saft bedecken und den Deckelverschließen.
4. Erhitzen Sie die Mischung und lassen Sie alles für 3 Stunden schmoren.
5. Danach das Fleisch herausnehmen und auseiandernzupfen. Mit etwas Soße vermischen und mit Brot servieren.

# Schichtfleisch Topf
### *15 Min. Zubereitungszeit / 120 Min. Ruhezeit / 3 Std. Kochzeit*

## Zutaten für 4 Portionen:

- 3 Kg Rinderbug, in Scheiben
- 2 Paprika rot, gehackt
- 3 Zwiebel, gehackt
- 400 g Bacon, in Scheiben
- 250 g BBQ Soße
- 100 g Rub Ankerkraut Magic Dust

## Zubereitung:

6. Würzen Sie das Fleisch mit dem Rub und lassen Sie diese für 2 Stunden ziehen.

7. Erhitzen Sie ihre Feuerstelle mit 15 Briketts und legen Sie den Dutch Oven Topf mit den Bacon Scheiben aus.

8. Schichten Sie die anderen Zutaten nach und nach hinein. Die obere Schicht sollte Fleisch sein.

9. Geben Sie die Soße darüber und den Deckel auflegen. 10 Briketts auf dem Deckel verteilen und die anderen unter den Topf.

10. Das Schichtfleisch so für 3 Stunden garen lassen.

# Rinderminutensteaks
### *10 Min. Zubereitungszeit / 60 Min. Ruhezeit / 6 Min. Kochzeit*

## Zutaten für 4 Portionen:

- 8 Rinderminutensteaks
- 2 EL Öl
- 30 g Pinienkerne, geröstet
- 4 Knoblauchzehen, gehackt
- 8 g Ingwer, gehackt
- 1 Bund Petersilie, gehackt
- 1 Prise Salz

## Zubereitung:

1. Geben Sie das Öl, Pinienkerne, Salz, Petersilie, Ingwer und den Knoblauch in einen Mixer, pürieren Sie alles.
2. Vermischen Sie die Minutensteaks mit der Marinade und lassen Sie diese für 60 Minuten ruhen.
3. Erhitzen Sie 4 Briketts und geben Sie den Deckel ihres Dutch Oven darauf.
4. Die Steaks darin von jeder Seite für 3 Minuten anbraten und servieren.

# Minutenpfanne
### *10 Min. Zubereitungszeit / 0 Min. Ruhezeit / 10 Min. Kochzeit*

## Zutaten für 4 Portionen:

- 500 g Champignon, in Scheiben
- 1 Bund Frühlingszwiebeln, in Ringe
- 1 Knoblauchzehe, gehackt
- 2 EL Butter
- 500 g Rinderminutensteaks
- 300 g Kartoffeln, gekocht, in Scheiben
- Salz & Pfeffer

## Zubereitung:

1. Befüllen Sie ihren Anzündkamin mit 6 Briketts und lassen Sie diese anbrennen.
2. Geben Sie den Deckel ihres Dutch Oven darauf und schmelzen Sie die Butter darin.
3. Braten Sie die Kartoffeln zu Bratkartoffeln.
4. Heben Sie die Knoblauchzehe, Frühlingszwiebeln und die Champignons unter.
5. Braten Sie alles mit an und würzen Sie die Mischung mit

Salz und Pfeffer.

6. Nehmen Sie die Mischung heraus und braten Sie die Minutensteaks von jeder Seite für 3 Minuten an, die Steaks mit Pfeffer und Salz würzen und mit den Bratkartoffeln servieren.

**Rinderolle**
*10 Min. Zubereitungszeit / 0 Min. Ruhezeit / 10 Min. Kochzeit*

## Zutaten für 4 Portionen:

- 8 Rinderminutensteaks
- 2 EL Öl
- 8 Zahnstocher
- 8 Scheiben Kochschinken
- 8 Scheiben Käse
- 1 Prise Salz
- 1 Prise Pfeffer

## Zubereitung:

1. Geben Sie auf jedes Steak eine Scheibe Schinken und eine Scheibe Käse, rollen Sie die Steaks auf und befestigen Sie diese mit einem Zahnstocher.
2. Mit Pfeffer und Salz würzen.
3. Erhitzen Sie 4 Briketts und geben Sie den Deckel ihres Dutch Oven darauf.
4. Die Steaks darin von jeder Seite für 3 Minuten anbraten und servieren.

# Dip & Soßen

**Knoblauch Dip**
***10 Min. Zubereitungszeit / 12 Std. Ruhezeit / 0 Min. Kochzeit***

## Zutaten für 4 Portionen:

- 100 g Naturjoghurt
- 150 g Schmand
- 2 Knoblauchzehe, gehackt
- 4 EL Petersilie, gehackt
- 1 Salatgurke, geraspelt und ausgedrückt
- 1 EL Zitronensaft
- ½ TL Salz
- ¼ TL Pfeffer

## Zubereitung:

1. Vermischen Sie alle Zutaten zusammen und lassen Sie den Dip für 12 Stunden ruhen.

**Ketchup Soße**
*10 Min. Zubereitungszeit / 0 Min. Ruhezeit / 15 Min. Kochzeit*

## Zutaten für 4 Portionen:

- 3 Kg Tomaten, gehackt
- 2 Knoblauchzehen, gehackt
- 1 Zwiebel, gehackt
- 50 ml Kokosöl
- 60 g Zucker, braun
- 150 ml Weißweinessig
- 2 TL Chiliflocken
- Salz & Pfeffer

## Zubereitung:

1. Erhitzen Sie den Dutch Oven Topf und geben Sie das Öl hinein.
2. Braten Sie die Zwiebeln und den Knoblauch darin an.
3. Den Zucker sowie den Essig darüber geben und etwas andicken lassen.
4. Die Tomaten unterheben und mit anbraten.
5. Die Tomaten verkochen lassen und die Mischung durch ein Sieb in den Soßen Behälter streichen.

**BBQ Soße**
*10 Min. Zubereitungszeit / 0 Min. Ruhezeit / 15 Min. Kochzeit*

## Zutaten für 4 Portionen:

- 2 Knoblauchzehen, gehackt
- 1 TL Cayenne
- 150 ml Apfelessig
- 2 EL Senf
- 20 ml Worcestersoße
- 1 TL Kreuzkümmel, gemahlen
- Salz
- 350 g Pflaumenmus
- 50 g Tomatenmark
- 2 EL Öl
- 500 ml passierte Tomaten
- 1 Zwiebel, gehackt

## Zubereitung:

1. Erhitzen Sie ihren Topf und geben Sie das Öl mit den Gewürzen sowie dem Knoblauch und den Zwiebeln hinein.

2. Alles scharf anbraten und die Mischung mit den passierten Tomaten, Tomatenmark, Worcestersoße, Pflaumenmus und Senf vermischen.

3. Den Apfelessig einrühren und alles für 10 Minuten köcheln lassen. Durch ein Sieb abfüllen und kalt aufbewahren oder direkt servieren. Im Kühlschrank 7 Tage haltbar.

# Thunfisch Dip
### *10 Min. Zubereitungszeit / 0 Min. Ruhezeit / 0 Min. Kochzeit*

## Zutaten für 4 Portionen:

- 2 Dosen Thunfisch, im Saft, abgetropft
- Pfeffer
- Salz
- 2 EL Dill, gehackt
- 200 g Frischkäse
- 200 g Schmand
- 1 Schalotte, gehackt

## Zubereitung:

1. Geben Sie alle Zutaten in einen Mixer.
2. Mixen Sie die Mischung gut durch, bis eine schöne Creme entstanden ist.
3. Die Creme frisch servieren.

# Honig Senf Soße
### *10 Min. Zubereitungszeit / 0 Min. Ruhezeit / 0 Min. Kochzeit*

## Zutaten für 4 Portionen:

- 100 ml körniger Senf
- 3 EL Öl
- 2 TL Orangensaft
- 1 EL Balsamico, hell
- Salz & Pfeffer
- 1 Stängel Rosmarin, gehackt
- 1 Stängel Thymian, gehackt
- 1 Knoblauchzehe, gerieben
- 50 ml Honig, trüb

## Zubereitung:

1. Alle Zutaten in den Mixer geben und für 5 Minuten mixen lassen.
2. Die Soße abschmecken und in eine schöne Schale füllen und servieren.

**Knoblauch Mayonnaise**
***20 Min. Zubereitungszeit / 0 Min. Ruhezeit / 0 Min. Kochzeit***

## Zutaten für 4 Portionen:

- 2 frische Eier
- Salz & Pfeffer
- 200 ml Olivenöl, Kaltgepresst
- 3 Knoblauchzehen, gerieben
- 1 EL Zitronensaft

## Zubereitung:

1. Geben Sie die Eier in eine hohe Schüssel.
2. Schlagen Sie diese leicht schaumig, dann unter ständigem Rühren das Öl hineingeben, bis eine Mayonnaise entstanden ist.
3. Den Zitronensaft, Salz, Pfeffer und den Knoblauch unterheben.

**Durch die frischen Eier nur an diesem Tag zum Verzehr geeignet.**

**Joghurt Dip**

*10 Min. Zubereitungszeit / 120 Min. Ruhezeit / 0 Min. Kochzeit*

## Zutaten für 4 Portionen:

- 500 g Joghurt
- 1 Zitronensaft
- 200 g Schmand
- ½ TL Salz
- ¼ TL Pfeffer
- 1 Bund Petersilie, gehackt
- 1 Bund Oregano, gehackt
- 1 Bund Schnittlauch, gehackt
- 1 Zwiebel, gehackt

## Zubereitung:

1. Die Kräuter mit dem Zitronensaft vermischen.
2. Salz, Joghurt und Schmand verrühren.
3. Die Kräuter unterheben und alles für 2 Stunden ziehen lassen.
4. Erneut umrühren, abschmecken und servieren.

# Humus Dip
### *20 Min. Zubereitungszeit / 0 Min. Ruhezeit / 0 Min. Kochzeit*

## Zutaten für 2 Portionen:

- 1 Dose Kichererbsen, abgetropft
- 1 Zitronensaft
- 1 TL Harissa Gewürzmischung
- 2 Knoblauchzehen, gehackt
- 1 TL Öl
- 2 EL Öl zum Beträufeln
- 3 EL Sesam, geröstet zum Bestreuen

## Zubereitung:

1. Alle Zutaten in einem Mixer zu einem Mus verarbeiten.
2. Das Mus mit etwas Öl beträufeln und den Sesam darüber geben.

**Avocado Dip**
*10 Min. Zubereitungszeit / 3 Std. Ruhezeit / 0 Min. Kochzeit*

| Zutaten für 4 Portionen: | Zubereitung: |
|---|---|

## Zutaten für 4 Portionen:

- 2 Avocado, in Stücken
- 1 Chili, gehackt
- 2 Knoblauchzehen, gehackt
- 1 Zitronensaft
- 2 EL Öl
- 1 Limettenabrieb
- 1 Tomate, gehackt

## Zubereitung:

1. Die Avocado mit der Zitrone, Knoblauch, Öl, Limettenabrieb und der Chili zu einem Mus verrühren.
2. Die Tomaten vorsichtig unterheben und alles für 3 Stunden ziehen lassen.

**Mango Dip**
*10 Min. Zubereitungszeit / 0 Min. Ruhezeit / 0 Min. Kochzeit*

## Zutaten für 4 Portionen:

- 300 g Mango, in Stücken
- 1 EL Gemüsebrühe, instant
- 1 EL Curry
- 1 TL Paprikapulver
- 20 g Zucker, braun
- 1 TL Kräutersalz
- 100 g Schmand
- 4 EL Zitronensaft
- 1 Zwiebel, gehackt

## Zubereitung:

1. Geben Sie die Zutaten bis auf den Schmand in einen Mixer und pürieren Sie alles.
2. Heben Sie den Schmand unter und vermischen Sie den Dip gut.
3. Abschmecken und servieren.

# Schwein

**Schweinespieße**
*15 Min. Zubereitungszeit / 120Min. Ruhezeit / 15 Min. Kochzeit*

## <u>Zutaten für 4 Portionen:</u>

- Holzspieße
- 500 g Bauchfleisch, in Streifen
- 1 EL Paprikapulver, gemahlen
- 1 EL Curry, gemahlen
- 2 EL Öl
- 1 Prise Salz
- 1 Prise Pfeffer
- 1 Bund Koriander, gehackt
- 1 Zitronenabrieb
- 1 Chili, gehackt
- 1 Knoblauchzehe, gehackt

## <u>Zubereitung:</u>

1. Das Öl mit den Gewürzen und Kräutern, sowie Chili und Knoblauch und dem Zitronenabrieb in einem Mixer zu einer Paste vermischen.
2. Das Fleisch auf die Spieße geben und mit der Marinade einstreichen.
3. Die Spieße für 2 Stunden ruhen lassen.
4. Den Deckel ihres Dutch Oven Topfes erhitzen und die Spieße darin für 2-4 Minuten von jeder Seite knusprig braten.

## Nackensteaks Chili
### *15 Min. Zubereitungszeit / 60 Min. Ruhezeit / 15 Min. Kochzeit*

### Zutaten für 4 Portionen:

- 4 Nackensteak
- 2 Knoblauchzehen, gepresst
- 5 g Ingwer, gerieben
- 4 EL Sesamöl
- 1 Chili, gehackt
- 1 Limettensaft
- Salz & Pfeffer

### Zubereitung:

1. Geben Sie die Steaks mit den anderen Zutaten in einen tiefen Teller und lassen Sie diese für 60 Minuten ziehen.
2. Erhitzen Sie den Deckel ihres Dutch Oven Topfes und geben Sie etwas von dem Öl, der Marinade, in den Deckel.
3. Braten Sie die Steaks von jeder Seite für 6-7 Minuten an.

## Met Steak
### *15 Min. Zubereitungszeit / 120 Min. Ruhezeit / 15 Min. Kochzeit*

### Zutaten für 4 Portionen:

- 4 Nackensteak
- 200 ml Met
- 100 ml Apfelsaft
- 1 Zitrone, gehackt
- 1 Bund Limettenblätter, gehackt
- 1 Prise Salz
- 1 Prise Pfeffer
- 2 EL Honig
- 1 Chili, gehackt
- 2 Knoblauchzehen, gehackt
- 8 g Ingwer, gehackt

### Zubereitung:

1. Die Steaks, Ingwer, Zitrone, Salz, Pfeffer, Limettenblätter, Honig, Apfelsaft, Met und Knoblauch in eine Schüssel geben und für zwei Stunden ruhen lassen.
2. Die Feuerstelle vorbereiten und entzünden. Den Dutch Oven Deckel darauf geben und etwas von der Marinade darin erhitzen.
3. Die Steaks darin für 7 Minuten je Seite braten.

# Schweine Spieße
### *15 Min. Zubereitungszeit / 0 Min. Ruhezeit / 30Min. Kochzeit*

## Zutaten für 4 Portionen:

- 1 Paprika Trio, gehackt
- 2 Zwiebeln, in Viertel
- Schaschlik Spieße
- 2 EL Öl
- 4 EL BBQ Soße
- 500 g Schweinegulasch, in Stücken
- 1 EL Chiliflocken

## Zubereitung:

1. Vermischen Sie die BBQ Soße mit den Chiliflocken und dem Öl.
2. Spießen Sie die anderen Zutaten schichtweise auf die Spieße und bepinseln Sie diese mit der Soße.
3. Den Deckel ihres Dutch Oven erhitzen und die Spieße unter mehrmaligen Wenden für 20-30 Minuten garen. Die Garzeit richtet sich nach der Dicke ihres Fleisches, das Fleisch sollte sich leicht bewegen lassen und nicht mehr rosig sein.

# Lendentopf
***15 Min. Zubereitungszeit / 0 Min. Ruhezeit / 35 Min. Kochzeit***

## Zutaten für 4 Portionen:

- 500 g Schweinelende, in Stücken
- 800 ml Milch
- 2 EL Gemüsebrühe, instant
- 1 Schmelzkäse
- 200 g Spargel, in Stücken
- 5 Karotten, in Stücken
- 2 Kartoffeln, in Stücke
- 200 g Erbsen, TK
- Öl
- Salz & Pfeffer

## Zubereitung:

1. Erhitzen Sie 12 Briketts in ihrem Anzündkamin.
2. Geben Sie den Dutch Oven auf 5 Briketts und erhitzen Sie das Öl darin.
3. Braten Sie das Fleisch mit Salz und Pfeffer an.
4. Geben Sie die Karotten und die Kartoffeln dazu, beides mit anbraten.
5. Danach geben Sie die Milch hinein und kochen diese auf. Den Schmelzkäse und die Gemüsebrühe einrühren und solange vermischen, bis dieser geschmolzen ist.
6. Alles für 20 Minuten köcheln lassen und die Erbsen sowie den Spargel unterheben.
7. Weitere 8 Minuten köcheln lassen, abschmecken und servieren.

**Schlemmertopf**
*15 Min. Zubereitungszeit / 0 Min. Ruhezeit / 25 Min. Kochzeit*

## Zutaten für 4 Portionen:

- 2 Dosen Pilze
- 1 Dose Mais
- 500 ml Gemüsebrühe
- 300 ml Milch
- 2 Zwiebel, gehackt
- 2 Schmelzkäse
- 2 Stangen Lauch, in Ringen
- 500 g Bratwurst vom Vortag, in Scheiben
- 200 g Bacon, in Würfel
- 1 Dose Erbsen und Möhren
- Öl
- Salz & Pfeffer
- 1 EL Paprikapulver, edelsüß
- 1 Prise Muskatnuss, gemahlen

## Zubereitung:

1. Erhitzen Sie ihren Dutch Oven und geben Sie den Bacon hinein, braten Sie diesen gut an und fügen Sie die Zwiebel sowie den Lauch hinzu.
2. Die Bratwurst unterheben und alles gut anbraten.
3. Mit der Brühe und der Milch ablöschen und den Käse einrühren, wenn dieser geschmolzen ist, alles würzen und die restlichen Zutaten hineingeben.
4. Den Topf für weitere 20 Minuten über der Hitze köcheln lassen.
5. Abschmecken und servieren.

**Zwiebel Steak**
*15 Min. Zubereitungszeit / 1 Nacht Ruhezeit / 25 Min. Kochzeit*

## Zutaten für 4 Portionen:

- 8 Nackensteak
- 6 Zwiebeln, in Ringe
- 4 Knoblauchzehen
- 100 ml Öl
- ½ TL Pfeffer
- 1 TL Salz
- 1 EL Paprikapulver

## Zubereitung:

1. Vermischen Sie alle Zutaten in einer Schüssel und geben Sie diese über Nacht in den Kühlschrank.

2. Am nächsten Tag erhitzen Sie ihren Dutch Oven Deckel und geben Sie die Steaks darauf. Diese von jeder Seite für 8-10 Minuten grillen.

3. Danach die Zwiebeln und den Knoblauch anrösten und mit den Steaks servieren.

**Schweinegulasch**
*20 Min. Zubereitungszeit / 0 Min. Ruhezeit / 45 Min. Kochzeit*

## Zutaten für 4 Portionen:

- 500 g Schweinegulasch, in Stücken
- 3 Zwiebeln, gehackt
- 1 Paprika Trio, gehackt
- 1 EL Senf
- 200g Champignon, in Scheiben
- 1 EL Öl
- 1 EL Tomatenmark
- 3 Knoblauchzehen, gehackt
- 300 g Kartoffeln, in Würfel
- 1 Dose gehackte Tomaten
- 500 ml Wasser
- 1 Chili, gehackt
- 1 Prise Pfeffer
- 1 Prise Salz

## Zubereitung:

1. Erhitzen Sie 12 Briketts in ihrem Anzündkamin.
2. Geben Sie den Topf auf 5 Briketts und erhitzen Sie das Öl.
3. Geben Sie alle Gewürze sowie Senf und Tomatenmark hinein. Braten Sie diese gut an und heben Sie das Fleisch, Champignon, Zwiebeln und Knoblauch sowie Chili unter.
4. Die Kartoffeln einrühren und kurz mit anbraten. Dann alles mit dem Wasser und den gehackten Tomaten ablöschen.
5. Lassen Sie das Gulasch für 40 Minuten köcheln, legen Sie dafür den Deckel auf und bedecken diesen mit den restlichen Briketts. Abschmecken und servieren.

**Zucchini Hack Topf**

*15 Min. Zubereitungszeit / 0 Min. Ruhezeit / 30 Min. Kochzeit*

## Zutaten für 4 Portionen:

- 1 Dose gehackte Tomaten
- 3 Zucchini, in Stücken
- 500 g Schweinehack
- Salz & Pfeffer
- 50 g Parmesan, zum Bestreuen
- 1 Bund Koriander, zum Garnieren
- 2 EL Sojasoße
- 300 ml Gemüsebrühe
- 2 TL Speisestärke
- 1 Bund Basilikum, gehackt
- 1 Zwiebel, gehackt
- 1 EL Öl
- 1 Knoblauchzehe, gehackt

## Zubereitung:

1. Erhitzen Sie ihren Dutch Oven Topf und geben Sie das Öl hinein.

2. Braten Sie die Zwiebeln, Knoblauch und das Fleisch darin an. Heben Sie das Basilikum sowie die Zucchini unter und würzen Sie alles mit Pfeffer und Salz. Die Speisestärke darüber streuen und mit der Sojasoße vermischen.

3. Die Gemüsebrühe und die gehackten Tomaten untermischen.

4. Die Mischung für 25 Minuten köcheln lassen und mit dem Koriander sowie dem Parmesan servieren.

## Zutaten für 4 Portionen:

- 500 g Schweinehack
- 1 Weißkohl, in Streifen
- 350 ml Wasser
- 2 EL Gemüsebrühe
- 1 TL Kartoffelstärke
- ½ TL Salz
- ½ TL Pfeffer
- 1 TL Kreuzkümmelsamen
- 1 EL Öl
- 1 EL Butter
- 1 Knoblauchzehe, gehackt
- 1 Zwiebel, gehackt

## Zubereitung:

1. Geben Sie den Dutch Oven Topf auf die Feuerstelle.
2. Erhitzen Sie das Öl mit der Butter und braten Sie das Hackfleisch mit den Gewürzen darin an.
3. Geben Sie nach und nach das Kraut dazu und vermischen Sie alles gut, so dass dieses zusammenfällt und Platz für neues ist.
4. Dann fügen Sie das Wasser hinzu und rühren die Kartoffelstärke ein. Abschmecken und für 20 Minuten köcheln lassen.
5. Frisch servieren.

**Zwiebel Topf**
***15 Min. Zubereitungszeit / 0 Min. Ruhezeit / 35 Min. Kochzeit***

## <u>Zutaten für 4 Portionen:</u>

- 6 Zwiebeln, in Stücke
- 4 Knoblauchzehen, gehackt
- 2 EL Sojasoße
- 2 EL Sesamöl
- 500 g Schweinegulasch, in Stücken
- 300 ml Weißwein
- 200 ml Gemüsefond
- Salz & Pfeffer
- 200 g Bacon, Würfel

## <u>Zubereitung:</u>

1. Erhitzen Sie in ihrem Anzündkamin ca. 16 Briketts.
2. Geben Sie den Dutch Oven Topf auf 6 Briketts und braten Sie den Bacon in dem Sesamöl darin an.
3. Fügen Sie die Zwiebeln, Knoblauch und das Fleisch hinzu und braten auch dieses gut an.
4. Mit dem Weißwein und dem Fond ablöschen und für 30 Minute köcheln lassen.
5. Mit der Sojasoße würzen und mit Salz und Pfeffer abschmecken.

**Pilzrahmtopf**
*15 Min. Zubereitungszeit / 0 Min. Ruhezeit / 45 Min. Kochzeit*

## Zutaten für 4 Portionen:

- 250 g Champignon, in Scheiben
- 200 g Shiitake, in Stücken
- 200 g Pfifferlinge
- 500 g Schweinegulasch
- 250 ml Sahne
- 500 ml Gemüsebrühe
- Salz & Pfeffer
- 1 Schmelzkäse
- 1 Bund Lauchzwiebeln, in Stücke
- 1 EL Öl

## Zubereitung:

1. Geben Sie das Öl und das Fleisch mit Pfeffer und Salz in den Dutch Oven Topf.
2. Geben Sie den Topf über die Hitzequelle und braten Sie das Fleisch gut an.
3. Fügen Sie die Pilze dazu und braten Sie diese mit an.
4. Löschen Sie alles mit Brühe und Sahne ab und rühren Sie den Schmelzkäse ein.
5. Lassen Sie den Topf für 40 Minuten über der Hitzequelle leicht köcheln.
6. Die Lauchzwiebeln unterheben und weitere 5 Minuten köcheln lassen. Abschmecken und genießen.

**Schweineleber Pfanne**
*10 Min. Zubereitungszeit / 0 Min. Ruhezeit / 25 Min. Kochzeit*

## Zutaten für 4 Portionen:

- 5 Äpfel, in Stücke
- 6 Zwiebeln, in Stücke
- 2 EL Butter
- Salz & Pfeffer
- 1 EL Mehl
- 500 g Schweineleber, in Streifen
- 100 ml Rotwein

## Zubereitung:

1. Geben Sie die Leber mit dem Mehl sowie Salz und Pfeffer in eine Schüssel und massieren Sie das Mehl gut ein.

2. Erhitzen Sie den Deckel ihres Dutch Oven Topfes und schmelzen Sie die Butter.

3. Geben Sie die Leber sowie ein paar Äpfel und Zwiebeln hinein, lassen Sie alles für 15 Minuten braten.

4. Fügen Sie die restliche Zwiebel und die Äpfel hinein, gießen Sie den Wein dazu und lassen Sie diesen für 10 Minuten verkochen. Alles abschmecken und servieren.

**Rotwein Gulasch**
***15 Min. Zubereitungszeit / 0 Min. Ruhezeit / 45 Min. Kochzeit***

## Zutaten für 4 Portionen:

- 500 ml Rotwein
- 200 ml Sahne
- 500 g Schweinegulasch, in Stücken
- 2 Zwiebeln, gehackt
- 1 Bund Koriander, gehackt
- 1 Bund Petersilie, gehackt
- 2 Äpfel, gehackt
- 20 g Rosinen, gehackt
- 1 EL Lebkuchengewürz
- 1 Rotkraut, in Streifen
- 1 Packung Mini Klöße
- 1 EL Öl
- Salz & Pfeffer

## Zubereitung:

1. Geben Sie das Fleisch mit dem Öl sowie Salz und Pfeffer in den Topf.
2. Erhitzen Sie 18 Briketts und stellen Sie den Topf auf 8 Stück drauf.
3. Das Fleisch anbraten und die Zwiebeln, Äpfel, Rosinen sowie das Rotkraut dazugeben.
4. Mit den Gewürzen vermischen und mit dem Rotwein und der Sahne aufkochen.
5. Für 30 Minuten köcheln lassen, dafür den Deckel auflegen und die restlichen Briketts darauf verteilen.
6. Die Mini Klöße hineingeben. Weitere 10 Minuten offen köcheln lassen und servieren.

**Asia Topf**
***10 Min. Zubereitungszeit / 10 Min. Ruhezeit / 15 Min. Kochzeit***

## Zutaten für 4 Portionen:

- 300 g Ramen Nudeln
- 2 EL Sojasoße
- 200 g Bambussprossen
- 1 Bund Frühlingszwiebeln, in Ringe
- 500 g Schweine Minutensteaks, in Streifen
- 1 EL Tomatenmark
- 500 ml Brühe
- 2 Möhren, in Stücken
- 2 Paprika, in Stücke
- 2 Selleriestangen, in Stücken
- 1 EL Sesamöl
- 1 Chili, gehackt
- 1 Bund Koriander, gehackt

## Zubereitung:

1. Erhitzen Sie ihren Dutch Oven Topf und geben Sie das Sesamöl hinein.
2. Braten Sie das Fleisch, mit dem Tomatenmark, Chili und Koriander darin an und geben Sie das Gemüse dazu.
3. Füllen Sie alles mit der Brühe auf und rühren Sie die Sojasoße ein.
4. Die Frühlingszwiebeln unterheben und alles für 10 Minuten köcheln lassen.
5. Die Ramen unterheben, den Topf von der Hitze nehmen und mit dem Deckel bedecken. Für 10 Minuten ruhen lassen und servieren.

## Sauerkraut Topf
### *10 Min. Zubereitungszeit / 0 Min. Ruhezeit / 25 Min. Kochzeit*

### Zutaten für 4 Portionen:

- 1 Dose Sauerkraut, abgetropft
- 2 Blutwürste
- 2 Leberwürste
- 200 g Speckwürfel
- 1 TL Kreuzkümmelsamen
- Salz & Pfeffer
- 1 EL Butter
- 200 ml Weißwein

### Zubereitung:

1. Schmelzen Sie die Butter in ihrem Dutch Oven Topf.
2. Geben Sie die Speckwürfel mit dem Kümmel hinein und braten Sie diese an.
3. Fügen Sie das Sauerkraut dazu und erhitzen Sie dieses.
4. Mit dem Weißwein ablöschen und die Würste hineinlegen.
5. Lassen Sie die Würste für 15 Minuten darin erwärmen, bei geschlossenem Deckel.
6. Mit Brot oder Kartoffeln servieren.

## Bratwurstspieße
### *15 Min. Zubereitungszeit / 0 Min. Ruhezeit / 20 Min. Kochzeit*

### Zutaten für 4 Portionen:

- 500 g Bratwurst
- Spieße
- 1 Paprika Trio
- 2 Zwiebeln, in Viertel
- 4 EL BBQ Soße

### Zubereitung:

1. Weichen Sie die Spieße für 10 Minuten im Wasser ein.
2. Schneiden Sie die Bratwurst in Stücke und stecken Sie diese abwechselnd mit Paprika und Zwiebel auf die Spieße.
3. Mit der BBQ Soße bestreichen und den Deckel ihres Dutch Oven erhitzen.
4. Die Bratwurstspieße von jeder Seite für 3-5 Minuten braten.

**Chinakohl Pfanne**
*10 Min. Zubereitungszeit / 0 Min. Ruhezeit / 20 Min. Kochzeit*

## Zutaten für 4 Portionen:

- Schweineschnitzel, in Streifen
- 1 Paprika Trio, gehackt
- 1 Zwiebel, gehackt
- 200 g Bacon, in Würfel
- 1 EL Öl
- 2 EL Sojasoße
- 1 Chinakohl, in Streifen
- 250 g Champignons, in Scheiben
- 2 Knoblauchzehen, gehackt
- 100 ml Sahne

## Zubereitung:

1. Erhitzen Sie den Dutch Oven Topf und geben Sie das Öl, Zwiebeln, Knoblauch, Bacon und das Fleisch mit der Sojasoße hinein. Braten Sie alles gut an.

2. Fügen Sie die Paprika hinzu und braten Sie diese kurz mit an. Die Champignons unterheben und ebenfalls anbraten.

3. Füllen Sie die Mischung mit der Sahne auf und geben Sie den Chinakohl dazu.

4. Unter ständigen Rühren aufkochen lassen, den Topf mit dem Deckel verschließen und für 15 Minuten garen.

5. Abschmecken und servieren.

**Bauerntopf**
*15 Min. Zubereitungszeit / 0 Min. Ruhezeit / 20 Min. Kochzeit*

## Zutaten für 4 Portionen:

- 1 Chili, gehackt
- 100 g Speckwürfel
- 2 Zwiebeln, gehackt
- 2 Knoblauchzehen, gehackt
- 3 Kartoffeln, in Würfel
- 3 Blutwürste
- 3 Leberwürste
- 800 ml Gemüsebrühe
- ½ TL Salz
- ½ TL Pfeffer
- 2 TL Kartoffelstärke
- 1 EL Schmalz

## Zubereitung:

1. Erhitzen Sie das Schmalz und braten Sie die Speckwürfel sowie die Würstchen darin an.
2. Geben Sie die Kartoffeln und die Zwiebeln, sowie die Chilis und die Knoblauchzehen dazu.
3. Mit der Kartoffelstärke bestäuben und kurz einbrennen lassen.
4. Dann die Brühe eingießen und aufkochen lassen.
5. Alles für 20 Minuten köcheln lassen und servieren.

**Frikadellen**
*15 Min. Zubereitungszeit / 30 Min. Ruhezeit / 25 Min. Kochzeit*

## Zutaten für 4 Portionen:

- 1 Knoblauchzehe, gehackt
- 1 Beutel Zwiebelsuppe
- 1 Ei
- 500 g Schweinehack
- 3 TL Parmesan, gerieben
- Öl zum Anbraten

## Zubereitung:

1. Verkneten Sie alle Zutaten und lassen Sie diese für 30 Minuten ruhen.
2. Erhitzen Sie 7 Briketts und geben Sie den Deckel ihres Dutch Oven darauf.
3. Verteilen Sie etwas Öl in ihrem Deckel und formen Sie aus der Hackmasse, 8 kleine Frikadellen.
4. Diese von jeder Seite für 5-10 Minuten braten und frisch servieren.

# Wild

**Rehkeule**
*15 Min. Zubereitungszeit / 0 Min. Ruhezeit / 95 Min. Kochzeit*

## Zutaten für 4 Portionen:

- 2,5 Kg Rehkeule
- 1 Bund Koriander, gehackt
- 1 Bund Beifuß, gehackt
- 1 Bund Rosmarin, gehackt
- 50 ml Portwein
- 100 ml Öl
- 1 Liter Rotwein, trocken
- 1 Glas Schattenmorellen, abgetropft
- 500 ml Wildfond
- 200 g Karotten, gehackt
- 200 g Sellerie, gehackt
- 150 g Zwiebeln, gehackt
- 2 EL Tomatenmark
- Salz & Pfeffer

## Zubereitung:

1. Erhitzen Sie in ihrem Anzündkamin ca. 12 Briketts.
2. Den Dutch Oven Topf auf die Hitze stellen und das Öl erhitzen.
3. Die Keule von beiden Seiten scharf anbraten und herausnehmen.
4. Das Gemüse hineingeben und anbraten. Mit 250 ml Wein ablöschen und aufkochen. Dieses für 5 Minuten köcheln lassen.
5. Alle Zutaten in den Topf geben und die Keule hineinlegen.
6. Den Deckelauflegen und 8 Briketts auf dem Deckel verteilen.
7. Die Keule für 90 Minuten garen lassen.
8. Die Keule herausnehmen, die Soße mit einem Mixer pürieren und durch ein Sieb geben. Mit der Keule servieren.

**Wildschwein Gulasch**
*15 Min. Zubereitungszeit / 0 Min. Ruhezeit / 50 Min. Kochzeit*

## Zutaten für 4 Portionen:

- 500 g Wildschweingulasch
- Salz & Pfeffer
- 350 ml Rotwein
- 200 ml Wasser
- 1 Dose gehackte Tomaten
- 2 Zwiebeln, gehackt
- 1 Apfel, gehackt
- 2 Knoblauchzehen, gehackt
- 1 Bund Rosmarin, gehackt
- 1 Bund Beifuß, gehackt
- 1 Lorbeerblatt
- 2 TL Speisestärke
- 1 Nelke
- 1 Zimtstange
- 1 Chili, gehackt
- 8 g Ingwer, gehackt

## Zubereitung:

1. Erhitzen Sie 18 Briketts in ihrem Anzündkamin. Stellen Sie ihren Topf auf 8 Briketts und erhitzen Sie diesen.
2. Geben Sie die Zwiebeln, Knoblauch, Apfel, Kräuter, Gewürze, Chili, Ingwer und das Fleisch hinein. Dieses schön kross anrösten und mit der Speisestärke bestäuben.
3. Füllen Sie den Topf mit den Flüssigkeiten auf. Vermischen Sie alles gut und lassen Sie das Gulasch für 45 Minuten köcheln.
4. Abschmecken und servieren.

# Wildschweinkeule
### *15 Min. Zubereitungszeit / 0 Min. Ruhezeit / 5 Std.. Kochzeit*

## Zutaten für 4 Portionen:

- 3 Kg Wildschweinkeule
- 2 EL Thymian, gehackt
- 2 EL Salbei, gehackt
- 2 EL Bohnenkraut, gehackt
- 2 EL Rosmarin, gehackt
- 1 EL Salz
- 8 EL Olivenöl
- 1 TL Pfeffer
- 3 EL Walnüsse, gehackt
- 2 Knoblauchzehen, gehackt
- 1 Limettenabrieb
- 1 TL Paprikapulver, edelsüß

## Zubereitung:

1. Vermischen Sie das Öl mit den Kräutern, Knoblauch, Limettenabrieb, , Nüssen und dem Salz.
2. Reiben Sie die Keule mit der Paste ein und erhitzen Sie 12 Briketts für ihren Dutch Oven Topf.
3. Stellen Sie diesen darauf und geben Sie die Keule hinein. Braten Sie die Keule von allen Seiten scharf an.
4. Reduzieren Sie die Hitze etwas, in dem Sie die Briketts nach außen lagern und lassen Sie die Keule für 5 Stunden, sanft darin garen.

**Wildleberspieße**
***15 Min. Zubereitungszeit / 0 Min. Ruhezeit / 30 Min. Kochzeit***

## <u>Zutaten für 4 Portionen:</u>

- 1,5 Kg Wildschweinleber, in Stücken
- 20 Cocktailtomaten
- 3 Zwiebeln, in Viertel
- 4 EL Öl
- 1 Bund Koriander, gehackt
- 1 Bund Beifuß, gehackt
- 1 Bund Oregano, gehackt
- 4 EL Kokosraspeln
- 1 TL Tomatenmark
- 1 Knoblauchzehe, gehackt
- Spieße

## <u>Zubereitung:</u>

1. Bei Holzspießen, diese bitte vorher im Wasser ziehen lassen.
2. Nehmen Sie die Zwiebeln, Leber und Tomaten und stecken diese geschichtet auf die Spieße auf.
3. Vermischen Sie das Öl mit den Kräutern, Tomatenmark und die Knoblauchzehe zu einer Paste.
4. Bestreichen Sie die Spieße mit dieser Paste und erhitzen Sie den Deckel ihres Dutch Oven.
5. Geben Sie die Spieße darauf und garen Sie von jeder Seite für 6-8 Minuten.

**Wild Ribs**
*45 Min. Zubereitungszeit / 0 Min. Ruhezeit / 3 Std. Kochzeit*

<table>
<tr><td>

## <u>Zutaten für 2 Portionen:</u>

- 4 Spare Ribs, vom Wild
- 100 g BBQ Ribs Rub
- 100 g Bacon
- 75 ml Apfelsaft
- 250 ml BBQ Soße
- 3 Paprika rot, in Streifen
- 1 Gemüsezwiebel, in Scheiben

</td><td>

## <u>Zubereitung:</u>

1. Erhitzen Sie 15 Briketts in ihrem Anzündkamin.
2. Geben Sie den Dutch Oven Topf darauf und lassen Sie den Speck in dem heißen Topf ausbraten.
3. Legen Sie die Zwiebeln darauf und verteilen Sie die Paprika am Seitenrand des Topfes.
4. Reiben Sie die Ribs mit der Würzmischung ein und stellen Sie diese hochkant in den Topf. Den Apfelsaft mit der Soße vermischen und beides über die Ribs in den Topf gießen.
5. Legen Sie den Deckel auf und geben Sie 8 Briketts auf den Deckel, lassen Sie die Ribs für 2,5 - 3 Stunden köcheln.

</td></tr>
</table>

**Wild Bolognese**
*15 Min. Zubereitungszeit / 0 Min. Ruhezeit / 25 Min. Kochzeit*

## Zutaten für 4 Portionen:

- 500 g Spaghetti
- 600 ml Wildfond
- 200 ml Sahne
- 1 Dose gehackte Tomaten
- 2 Zwiebeln, gehackt
- 500 g Wildschweinhack
- 1 Chili, gehackt
- 2 Knoblauchzehen, gehackt
- 1 Bund Basilikum, gehackt, zum Garnieren
- 1 EL Öl
- 50 g Parmesan, zum Garnieren

## Zubereitung:

1. Erhitzen Sie ihren Dutch Oven Topf mit dem Öl darin und braten Sie die Zwiebeln, Knoblauch und die Chilis an.
2. Geben Sie das Hackfleisch dazu und braten auch dieses an. Wenn das Hackfleisch schön krümelig ist, füllen Sie die Flüssigkeiten hinein und rühren alles gut um.
3. Die Spaghetti hineingleiten lassen und solange rühren, bis diese weicher sind und in der Brühe schwimmen.
4. Nun alles für 10-15 Minuten köcheln lassen, bis die Nudeln weich sind und mit dem Parmesan servieren.

**Whiskey Spieße**
*15 Min. Zubereitungszeit / 2 Std. Ruhezeit / 20 Min. Kochzeit*

## Zutaten für 4 Portionen:

- 6 Wildschweinsteaks
- 300 g Bacon Scheiben
- 2 EL Öl
- 1 Zwiebel, gehackt
- 1 Chili, gehackt
- 1 Bund Koriander, gehackt
- 60 ml Whiskey
- 1 EL Honig

## Zubereitung:

1. Vermischen Sie das Öl, Honig, Whiskey, Zwiebeln, Knoblauch, Chili und die Kräuter.
2. Geben Sie die Mischung in eine Schüssel und legen Sie das Fleisch darin ein.
3. Legen Sie die Holzspieße in kaltes Wasser ein und lassen Sie diese quellen.
4. Das Fleisch für 2 Stunden ruhen lassen, herausnehmen und in Streifen schneiden. Diese Streifen auf die Holzspieße aufstecken und mit dem Bacon umwickeln.
5. Den Dutch Oven Deckel erhitzen und die Spieße von jeder Seite für 5-7 Minuten grillen.

# Wildschweinsteaks

***10 Min. Zubereitungszeit / 20 Min. Ruhezeit / 15 Min. Kochzeit***

## Zutaten für 4 Portionen:

- 4 Wildschweinsteaks
- Salz & Pfeffer
- 2 EL Öl
- 50 g Mandeln, gehackt
- 3 Knoblauchzehen, gehackt
- 1 Zwiebel, gehackt
- 1 Chili, gehackt
- 1 Bund Koriander, gehackt
- 3 Stängel Liebstöckel, gehackt
- 1 Bund Petersilie, gehackt

## Zubereitung:

1. Geben Sie das Öl mit den Gewürzen und Kräutern sowie Mandeln in einen Mixer und mischen Sie eine Paste daraus.

2. Diese Paste um das Fleisch streichen und dieses kurz antrocknen lassen, dafür einfach 20 Minuten ruhen lassen.

3. In der Zwischenzeit den Deckel ihres Dutch Oven erhitzen und die Steaks dann von jeder Seite für 5-7 Minuten garen.

**Wild Chili**
*10 Min. Zubereitungszeit / 0 Min. Ruhezeit / 35 Min. Kochzeit*

## Zutaten für 4 Portionen:

- 300 g Wildschweingulasch, in Stücken
- 200 g Rehfleisch, in Stücken
- 100 g Rindergulasch, in Stücken
- 1 EL Senf
- 1 EL Öl
- 3 Chili, gehackt
- 1 EL Tomatenmark
- 1 EL Currypaste
- 1 EL Sojasoße
- 1 Bund gemischte Küchenkräuter, gehackt
- 1 Zitronensaft
- 300 ml Rotwein
- 500 ml Wildfond
- 1 Bund Suppengemüse, gehackt

## Zubereitung:

1. Erhitzen Sie ihren Dutch Oven Topf und geben Sie das Öl sowie die Currypaste, Tomatenmark, Kräutern, Chilis und Senf hinein. Braten Sie die Mischung gut an und fügen Sie das Fleisch hinzu. Braten Sie auch dieses gut an.
2. Mischen Sie das Suppengemüse unter und füllen Sie en Topf mit den Flüssigkeiten auf.
3. Alles aufkochen, abschmecken und für 30 Minuten köcheln lassen.

**Reh Topf**
*15 Min. Zubereitungszeit / 0 Min. Ruhezeit / 45 Min. Kochzeit*

## Zutaten für 4 Portionen:

- 500 g Rehgulasch, in Stücken
- 2 Zwiebeln, gehackt
- 2 Knoblauchzehen, gehackt
- 1 Dose Tomaten, gehackt
- 1 Dose Mais
- 1 Dose Pilze
- 500 ml Wildfond
- 4 Kartoffeln, in Stücke
- 3 Selleriestangen, in Stücke
- 4 Karotten, in Stücke
- 2 EL Öl
- 1 TL Curry
- 1 TL Paprikapulver
- 1 TL Salz & Pfeffer

## Zubereitung:

1. Geben Sie 12 Briketts in ihren Anzündkamin und lassen Sie diese erhitzen.
2. Stellen Sie den Topf ihres Dutch Oven auf 6 Briketts und geben Sie das Öl hinein.
3. Braten Sie die Zwiebeln, Knoblauch, Sellerie, Möhren, Kartoffeln und das Fleisch scharf an.
4. Löschen Sie die Mischung mit den Zutaten aus den Dosen ab

und würzen Sie alles gut durch.

5. Den Reh Topf für 40 Minuten köcheln lassen, dafür den Deckel auflegen und die restlichen 6 Briketts, auf dem Deckel verteilen.

# Getränke aus dem Dutch

**Glühender Gin**
*5 Min. Zubereitungszeit / 0 Min. Ruhezeit / 20 Min. Kochzeit*

## Zutaten für 8 Portionen:

- 1,5 Liter schwarzer Holundersaft
- 1 Liter Cranberrysaft
- 500 ml trüber Apfelsaft
- 1 Orange, in Scheiben
- 3 Zimtstangen
- 4 Sternanis
- 3 Nelken
- Gin

## Zubereitung:

1. Geben Sie, bis auf den Gin, alle Zutaten in ihren Dutch Oven Topf und geben Sie diesen über die Hitzequelle.
2. Dort die Mischung für 20 Minuten köcheln lassen.
3. Zwischen durch umrühren.
4. Zum Servieren die Mischung in eine Tasse füllen und etwa 2-3 cl Gin pro Tasse hineingeben. Warm servieren.

**Heiße Bowle**
*15 Min. Zubereitungszeit / 0 Min. Ruhezeit / 3 Std. Kochzeit*

## Zutaten für 8 Portionen:

- 20 Teebeutel schwarzer Tee
- 500 g Rosinen
- 1 Liter Wasser
- 500 g Aprikosen, getrocknet
- 500 g Trockenpflaumen
- 1 Liter Rum, 54%
- 6 Beutel Glühweingewürz
- 3 Apfelsinen, Saft & Abrieb
- 2 Liter Rotwein
- 150 g Zucker, braun
- 1 Zitrone, Saft & Abrieb

## Zubereitung:

1. Geben Sie alle Zutaten bis auf den Rum, in den Topf.

2. Erhitzen Sie diesen und lassen alles für 1 Stunde köcheln. Entfernen Sie die Teebeutel und lassen die Mischung für weitere 2 Stunden kochen.

3. Vor dem Servieren den Rum einrühren und abschmecken.

**Pflaumenpunsch**
*15 Min. Zubereitungszeit / 0 Min. Ruhezeit / 30 Min. Kochzeit*

## Zutaten für 4 Portionen:

- 600 g Pflaumen, gehackt
- 20 g Balsamico-Essig, dunkel
- 1 TL Backkakao
- 200 ml Sahne
- 300 g Wodka
- 150 g Zucker, braun
- ¼ TL Lebkuchengewürz

## Zubereitung:

1. Erhitzen Sie ihren Dutch Oven Topf.
2. Geben Sie alle Zutaten in einen Mixer und pürieren Sie diese.
3. Die Masse in den Topf geben und gut umrühren.
4. Für 30 Minuten köcheln lassen und immer wieder umrühren.
5. Vor dem Servieren abschmecken.

# Kinderpunsch
***15 Min. Zubereitungszeit / 0 Min. Ruhezeit / 40 Min. Kochzeit***

## Zutaten für 4 Portionen:

- 500 ml Apfelsaft, frisch
- 500 ml Orangensaft, frisch
- 3 g Ingwer, gerieben
- 2 Zimtstangen
- 2 EL Honig
- 1 TL Vanillemark

## Zubereitung:

1. Die Zutaten vermischen und in den Dutch Oven Topf geben.
2. Den Deckel auflegen und eine Feuerstelle erhitzen.
3. Den Topf über die Feuerstelle geben und für 40 Minuten köcheln lassen.
4. Vor dem Verzehr die Zimtstange entfernen.

**Apfelpunsch - Kinder**
*15 Min. Zubereitungszeit / 0 Min. Ruhezeit / 25 Min. Kochzeit*

## Zutaten für 4 Portionen:

- 250 ml heißes Wasser
- 250 ml Traubensaft
- 2 Äpfel, in Stücke
- 4 Nelken
- 250 ml Apfelsaft, naturtrüb
- 1 Zimtstange

## Zubereitung:

1. Geben Sie die Zutaten zusammen in ihren Topf.
2. Erhitzen Sie 4 Briketts in ihrem Anzündkamin und stellen Sie ihren Dutch Oven Topf darauf.
3. Lassen Sie den Punsch 25 Minuten, bei offenem Deckel garen und nehmen Sie die Zimtstange sowie Nelken vor dem Servieren heraus.

**Jägerschoko**
***5 Min. Zubereitungszeit / 0 Min. Ruhezeit / 15 Min. Kochzeit***

| **Zutaten für 4 Portionen:** | **Zubereitung:** |
|---|---|

**Zutaten für 4 Portionen:**

- 300 ml Sahne
- 1 Zimtstange
- 1 Anis
- 2 Nelken
- 2 EL Zucker
- 4 EL Backkakao
- 800 ml Milch
- 80 ml Jägermeister

**Zubereitung:**

1. Heizen Sie eine Feuerstelle an und geben Sie den Dutch Oven Topf darauf.
2. Geben Sie die Milch, Sahne, Anis, Nelke, Zimt und den Kakao sowie den Zucker hinein.
3. Gut verrühren, so dass keine Klumpen übrig sind.
4. Lassen Sie die Mischung aufkochen und für 5 Minuten köcheln.
5. Die Gewürze herausnehmen und den Jägermeister einrühren.
6. Abschmecken und genießen.

**Ananaspunsch Alkoholfrei**
*5 Min. Zubereitungszeit / 0 Min. Ruhezeit / 20 Min. Kochzeit*

## Zutaten für 4 Portionen:

- 12 g Ingwer, gerieben
- 1 Liter Ananassaft
- 200 ml Apfelsaft
- 300 ml Pfirsichsaft
- ½ Bund Salbei

## Zubereitung:

1. Stellen Sie den Dutch Oven Topf auf ihre Hitzequelle und geben Sie alle Zutaten hinein.
2. Kochen Sie die Mischung für 20 Minuten und entnehmen Sie die Salbeiblätter.
3. Abschmecken und servieren.

**Kokos Punsch**
***5 Min. Zubereitungszeit / 0 Min. Ruhezeit / 30 Min. Kochzeit***

| <u>**Zutaten für 4 Portionen:**</u> | <u>**Zubereitung:**</u> |
|---|---|
| <ul><li>500 ml Sahne</li><li>500 ml Milch</li><li>2 EL Honig</li><li>500 ml Rum</li><li>500 ml Ananassaft</li><li>2 Packungen Raffaello</li></ul> | 1. Pürieren Sie die Raffaelo mit etwas Ananassaft.<br>2. Geben Sie den Dutch Oven Topf über die Feuerstelle und füllen Sie die Zutaten, bis auf den Rum, hinein.<br>3. Vermischen Sie alles gut und kochen es auf. Lassen Sie die Mischung für 25 Minuten leicht köcheln und rühren Sie immer wieder um.<br>4. Wer keine Stücke der Raffaello mag, gibt die Mischung durch ein Sieb.<br>5. Den Rum einrühren und heiß servieren. |

**Eggnog**
*15 Min. Zubereitungszeit / 5 Min. Ruhezeit / 10 Min. Kochzeit*

## Zutaten für 4 Portionen:

- 500 ml Milch
- 100 ml Rum
- 1 TL Vanillepaste
- 250 ml Sahne
- 1 TL Muskatnuss, gemahlen
- 2 Eier
- 100 g Zucker
- 1 TL Piment, gemahlen
- 2 Eigelb

## Zubereitung:

1. Schlage Sie die Sahne steif und stellen Sie diese zur Seite.

2. Hängen Sie ihren Dutch Oven über das Feuer und geben Sie die Vanillepaste, Gewürze und die Milch hinein.

3. Vermischen Sie die Eier mit dem Zucker und heben Sie die Sahne unter.

4. Die Sahne vorsichtig in die Milch einrühren und alles für weitere 5 Minuten ziehen lassen. Den Rum unterheben und servieren.

**Kirsch & Amaretto**

*10 Min. Zubereitungszeit / 0 Min. Ruhezeit / 20 Min. Kochzeit*

## Zutaten für 4 Portionen:

- 1 Liter Kirschsaft
- 1 Liter Apfelsaft
- 1 Zimtstange
- 1 TL Vanillepaste
- 1 Orange, in Scheiben
- 1 Zitrone, in Scheiben
- 2 EL Honig
- 80 ml Amaretto
- 2 Gläser Schattenmorellen, abgetropft

## Zubereitung:

1. Erhitzen Sie ihren Dutch Oven und geben Sie die Kirschen hinein, diese kurz anrösten.
2. Die Vanillepaste darüber geben und den Honig unterheben.
3. Alles mit dem Apfelsaft, Kirschsaft und den Gewürzen sowie Orangen und Zitronen vermischen.
4. Die Mischung für 20 Minuten köcheln lassen, den Amaretto untermischen und servieren.

# Fisch & Meeresfrüchte

## Zutaten für 4 Portionen:

- 300 g Zwiebeln, gehackt
- 1 Chili, gehackt
- 400 g Kabeljauchfilet, in Stücken
- 20 Garnelen, küchenfertig
- 400 g Zanderfilet, in Stücken
- Öl
- 350 g Tomaten, gehackt
- 50 g Reis
- 1 EL Paprika, edelsüß
- 1 EL Cayenne
- 4 Lorbeerblätter
- 300 ml Rinderbrühe
- Tabasco
- Salz & Pfeffer
- 400 g passierte Tomaten
- 400 g Tomaten, stückig aus der Dose
- 4 Knoblauchzehen, gehackt
- 400 g Lachs, in Stücken
- ½ Bund Thymian, gehackt
- 1 EL Zucker

## Zubereitung:

1. Erhitzen Sie 10 Briketts in ihrem Anzündkamin und geben Sie ihren Dutch Oven Topf direkt auf die Hitze.

2. Erhitzen Sie etwas Öl, geben Sie die Zwiebeln, Knoblauch und Chili hinein. Alles gut anbraten.

3. Den Reis, die Gewürze, Kräuter und den Zucker dazugeben und kurz mitanbraten.

4. Mit den Tomaten, der Brühe sowie den Tomatendosen auffüllen und für 20 Minuten köcheln lassen.

5. Den Fisch unterheben, die Garnelen einrühren und weitere 10 Minuten köcheln lassen. Abschmecken und servieren.

**Paella**
*30 Min. Zubereitungszeit / 0 Min. Ruhezeit / 45 Min. Kochzeit*

## Zutaten für 4 Portionen:

- 220 g Garnelen, küchenfertig
- 300 g Schinkenspeck, in Würfel
- 3 Lauchzwiebeln, gehackt
- 400 g Risotto-Reis
- Öl
- 500 g Hähnchenbrust, in Stücken
- 1 Paprika rot, gehackt
- 150 g Erbsen, TK
- 3 Lorbeerblätter
- 2 Safranfäden
- 1 EL Curry
- 1 EL Kurkuma
- Salz & Pfeffer
- 1200 ml Brühe
- 1 EL Paprikapulver, edelsüß

## Zubereitung:

1. Erhitzen Sie ihre Briketts, es sollte der gesamte Boden ihres Topfes, auf der Hitze stehen.
2. Geben Sie den Deckel auf die Briketts und braten Sie den Schinkenspeck und die Garnelen darin an.
3. Nun stellen Sie den Topf auf die Hitze und braten das Hähnchen in etwas Öl an.
4. Heben Sie die Paprika, Zwiebeln und Knoblauch unter, geben Sie die Speckwürfel dazu und würzen Sie alles.
5. Den Reis unterheben und die Brühe einrühren. Die Erbsen einrühren und alles für 20-30 Minuten. Bis die Flüssigkeit aufgesogen ist. Die Garnelen auf die Paella legen und die Paella mit Deckel weitere 5 Minuten vor dem Servieren ziehen lassen.

**Muscheln in Metaxa**
*10 Min. Zubereitungszeit / 0 Min. Ruhezeit / 25 Min. Kochzeit*

## Zutaten für 4 Portionen:

- 2 Kg Miesmuscheln, frisch
- 14 EL Metaxa
- 2 EL Honig
- Salz & Pfeffer
- 2 Zwiebeln, gehackt

## Zubereitung:

1. Erhitzen Sie ihren Anzündkamin mit 12 Briketts.
2. Den Topf aufstellen und die Zwiebeln, Knoblauch, Kräuter, Paprika und Gewürze anbraten.

- 2 TL Rosmarin
- 2 TL Oregano
- 2 Paprika, gehäutet, gehackt
- 2 EL Paprikapuler, edelsüß
- 1 EL Knoblauch, gehackt
- 600 ml Sahne
- 200 ml Hühnerfond

3. Mit der Sahne, Brühe und dem Honig vermischen und den Metaxa einrühren.

4. Die Soße für 8 Minuten köcheln lassen und mit einem Stabmixer cremig rühren.

5. Die Soße zur Seite stellen und warmhalten.

6. Die Muscheln kontrollieren und bereits geöffnete entfernen.

7. Den Dutch Oven Topf wieder aufstellen und die Muscheln hineingeben, umrühren und kurz rösten. Soviel Wasser hineingeben, dass die Muscheln knapp bedeckt sind und für 8-10 Minuten kochen lassen. Geschlossene Muscheln entfernen und die fertigen Muscheln mit der Soße servieren.

# Garnelencurry
### *10 Min. Zubereitungszeit / 0 Min. Ruhezeit / 25 Min. Kochzeit*

## <u>Zutaten für 4 Portionen:</u>

- 4 Kartoffeln, in Stücke
- 4 Möhren, in Stücke
- 300 g Garnelen, küchenfertig
- 2 EL Öl
- 1 EL Kurkuma
- 1 EL Curry
- ½ TL Salz
- ½ TL Pfeffer
- 1 Bund Koriander, zum Garnieren
- 2 Paprika rot, gehackt
- 1 Zucchini, gehackt
- 2 Dosen Kokosmilch
- 200 ml Weißwein

## <u>Zubereitung:</u>

1. Erhitzen Sie eine Feuerstelle und geben Sie ihren Dutch Oven Topf darauf.
2. Nun fügen Sie das Öl hinein und braten die Gewürze darin an.
3. Die Garnelen und Kartoffeln, sowie Zucchini und Möhren mit anbraten.
4. Mit dem Weißwein ablöschen und mit der Kokosmilch auffüllen.
5. Alles für 15-20 Minuten köcheln lassen. Abschmecken und mit dem Koriander servieren.

**Thunfisch Bolognese**
*10 Min. Zubereitungszeit / 0 Min. Ruhezeit / 20 Min. Kochzeit*

## Zutaten für 4 Portionen:

- 500 g Spaghetti
- 1 Dose gehackte Tomaten
- 500 g passierte Tomaten
- 1 EL Öl
- 1 EL Fischsoße
- ½ TL frischer Pfeffer
- 3 Dosen Thunfisch, im eigenen Saft
- 1 Zitronensaft & Abrieb
- ½ Bund Schnittlauch, gehackt
- 800 ml Brühe
- 2 Zwiebeln rot, gehackt
- 2 Knoblauchzehen, gehackt
- 1 Chili, gehackt
- 1 Bund Petersilie, zum Garnieren

## Zubereitung:

1. Erhitzen Sie die Briketts in ihrem Anzündkamin.
2. Geben Sie den Topf auf die direkte Hitze und füllen Sie das Öl in den Topf.
3. Geben Sie die Gewürze und Zwiebeln, Knoblauch sowie die Chilis hinein. Braten Sie alles gut an.
4. Die Mischung mit den Tomaten, passierten Tomaten und der Brühe ablöschen. Die Spaghetti hineingeben und solange umrühren, bis diese weicher sind.
5. Die Fischsoße und den Thunfisch einrühren und abschmecken.
6. Alles für 15 Minuten köcheln lassen und abschmecken. Mit den Kräutern garnieren und servieren.

**Zucchini Lachs Pfanne**
*10 Min. Zubereitungszeit / 0 Min. Ruhezeit / 20 Min. Kochzeit*

## Zutaten für 4 Portionen:

- 500 g Lachsfilet, in Stücken
- 2 Zucchini, in Spiralen geschnitten
- 1 Limettensaft
- 2 EL Öl
- Salz & Pfeffer
- 300 ml Sahne
- 2 EL Gemüsebrühe, instant
- 200 ml Weißwein
- Salz & Pfeffer
- 50 g Parmesan, zum Bestreuen

## Zubereitung:

1. Erhitzen Sie genügend Briketts, um den Dutch Oven Topf zu erhitzen.
2. Erhitzen Sie diesen und geben Sie das Öl hinein.
3. Braten Sie die Zucchini darin an und gießen Sie alles mit dem Weißwein und der Sahne auf.
4. Rühren Sie die Gewürze hinein und lassen Sie alles für 10 Minuten köcheln.
5. Fügen Sie den Lachs dazu und lassen alles für weitere 10 Minuten köcheln.
6. Abschmecken und mit dem Parmesan servieren.

**Fischgulasch**
*15 Min. Zubereitungszeit / 0 Min. Ruhezeit / 35 Min. Kochzeit*

## Zutaten für 4 Portionen:

- 5 Kartoffeln, in Würfel
- 2 Selleriestangen, in Stücken
- 1 Paprika Trio, gehackt
- 3 Zwiebeln, in Viertel
- 800 ml Rinderfond
- 200 ml Sahne
- 2 EL Kokosöl
- Pfeffer & Salz
- 1 Dose gehackte Tomaten
- 2 Knoblauchzehen, gehackt
- 1 EL Senf
- 1 EL Currypaste
- 200 g Lachsfilet, in Stücken
- 300 g Zander, in Stücken
- 200 g Butterfisch, in Stücken

## Zubereitung:

1. Geben Sie ihren Dutch Oven Topf auf die Hitzequelle und erhitzen Sie diesen gut.
2. Das Öl mit den Zwiebeln, Knoblauch, Sellerie, Paprika und Kartoffeln hineingeben und alles gut anbraten.
3. Mit den Gewürzen versehen und mit der Brühe sowie der Sahne aufkochen.
4. Den Topf für 20 Minuten auf der Hitzequelle köcheln lassen.
5. Den Fisch hineingeben und vorsichtig unterheben.
6. Alles für weitere 10 Minuten köcheln lassen, abschmecken und servieren.

**Gefüllte Forelle**
*15 Min. Zubereitungszeit / 0 Min. Ruhezeit / 20 Min. Kochzeit*

## Zutaten für 2 Portionen:

- 6 Scheiben Bacon
- 2 Forellen, ausgenommen, küchenfertig
- 1 Zwiebel, gehackt
- 1 Bund Petersilie, gehackt
- ½ Bund Dill, gehackt
- 1 Zitronenabrieb
- 1 Limettenabrieb
- 1 Chili, gehackt
- Salz & Pfeffer
- 1 EL Öl
- 1 Karotte, geraspelt

## Zubereitung:

1. Reinigen Sie den Fisch unter klarem Wasser und tupfen Sie diesen trocken.
2. Erhitzen Sie etwa 6 Briketts in ihrem Anzündkamin und geben Sie den Topfdeckel auf die Hitze.
3. Mit etwas Öl bestreichen.
4. Vermischen Sie die Kräuter, Abriebe und die Chilis sowie die Karotte. Befüllen Sie damit die Fische und umwickeln Sie diese gut mit dem Bacon.
5. Den Fisch auf die Hitze geben und von jeder Seite für 8-10 Minuten grillen. Das Fleisch des Fisches sollte hell und nicht mehr durchsichtig sein.

**Rotbarsch in Folie**
*10 Min. Zubereitungszeit / 0 Min. Ruhezeit / 10 Min. Kochzeit*

## Zutaten für 4 Portionen:

- Alufolie
- 6 EL Sesamöl
- ¼ TL Wasabi Paste
- 3 EL Ketchup
- 1 TL Ingwer, gerieben
- 100 g Champignons, gehackt
- 100 g Chinakohl, in Streifen
- 100 g Lauch, in Ringen
- 100 g Sellerie, gehackt
- 100 g Möhren, in Stiften
- 800 g Rotbarschfilet
- Salz & Pfeffer
- 1 Bund Koriander zum Garnieren

## Zubereitung:

1. Bereiten Sie vier Alufolienstücke vor sich aus, der Fisch wird darin eingepackt, darum ruhig etwas größer schneiden.

2. Legen Sie in jede Mitte der Folien ein Stück Filet. Bedecken Sie die Filets mit Lauch, Möhren, Champignon, Chinakohl, Sellerie sowie Pfeffer und Salz.

3. Vermischen Sie das Öl mit den Gewürzen und dem Ingwer sowie dem Ketchup. Träufeln Sie die Mischung über das Gemüse und verschließen Sie die Alufolien zu Päckchen.

4. Erhitzen Sie den Deckel ihres Dutch Oven Topfs und geben Sie die Päckchen mit der Fischseite nach unten darauf.

5. Die Päckchen für 10 Minuten auf dem Grill garen und mit frischem Koriander servieren.

**Butterfisch Päckchen**
*10 Min. Zubereitungszeit / 0 Min. Ruhezeit / 15 Min. Kochzeit*

## Zutaten für 4 Portionen:

- Alufolie
- 6 EL Knoblauch Öl
- 2 TL Ingwer, gerieben
- 800 g Butterfischfilet
- Salz & Pfeffer
- 1 Bund Petersilie zum Garnieren
- 1 Chili, gehackt
- 4 Scheiben Zitrone
- 2 Zwiebeln, in Ringe
- 1 Paprika, rot, gehackt
- 1 Paprika, gelb, gehackt
- 2 EL Sojasoße

## Zubereitung:

1. Bereiten Sie vier Alufolienstücke vor sich aus, der Fisch wird darin eingepackt, darum ruhig etwas größer schneiden.

2. Legen Sie in jede Mitte der Folien ein Stück Filet. Bedecken Sie die Filets mit der Zitrone, Chili, Zwiebel und der Paprika sowie Pfeffer und Salz.

3. Vermischen Sie das Öl mit der Sojasoße und dem Ingwer. Träufeln Sie die Mischung über das Gemüse und verschließen Sie die Alufolien zu Päckchen.

4. Erhitzen Sie den Deckel ihres Dutch Oven Topfs und geben Sie die Päckchen mit der Fischseite nach unten darauf.

5. Die Päckchen für 15 Minuten auf dem Grill garen und mit frischer Petersilie servieren.

# Vegan Dutch Oven

**Tofu Päckchen**
*10 Min. Zubereitungszeit / 0 Min. Ruhezeit / 15 Min. Kochzeit*

## Zutaten für 4 Portionen:

- 4 Räuchertofu
- 2 rote Zwiebeln, in Ringe
- 2 Knoblauchzehen, gehackt
- Salz & Pfeffer
- 4 TL Öl
- Alufolie
- 1 Chili, gehackt
- 8 g Ingwer, gerieben

## Zubereitung:

1. Erhitzen Sie 6 Briketts in ihrem Anzündkamin und geben Sie den Topf Deckel darauf.

2. Breiten Sie die Alufolie aus und schneiden Sie 4 Stücke daraus. Legen Sie auf jedes Stück ein Stück Tofu.

3. Darauf verteilen Sie die Knoblauchzehen, einen Teelöffel Öl, Chili, Ingwer und die Zwiebeln.

4. Verschließen Sie die Alufolie und geben Sie diese in den Topf. Die Seite mit dem Tofu sollte unten auf der Hitze aufliegen.

5. Dort für 15 Minuten garen lassen.

**Tofu Curry**
***10 Min. Zubereitungszeit / 0 Min. Ruhezeit / 25 Min. Kochzeit***

## Zutaten für 4 Portionen:

- 3 Kartoffeln, in Würfel
- 1 EL Currypaste, rot
- 1 EL Kurkuma
- ½ TL Salz
- ½ TL Pfeffer
- 1 TL Paprikapulver, edelsüß
- 1 Zucchini, gehackt
- 1 Dose Kichererbsen, abgetropft
- 300 g Tofu, in Würfel
- 1 Dose Ananas, in Stücken, abgetropft
- 1 EL Öl
- 1 Chili, gehackt
- 1 Zwiebel, gehackt
- 1 Knoblauchzehe, gehackt
- 2 Dosen Kokosmilch

## Zubereitung:

1. Geben Sie 8 Briketts in ihren Anzündkamin und erhitzen Sie mit diesen ihren Dutch Oven Topf.
2. Füllen Sie das Öl hinein und braten Sie die Zwiebeln, Knoblauch, Chili, Ananas, Zucchini und die Kartoffeln an.
3. Geben Sie die Gewürze dazu und heben Sie die Kichererbsen sowie den Tofu unter.
4. Lassen Sie alles für 5 Minuten weiter braten.
5. Dann mischen Sie die Kokosmilch ein und schmecken ab, notfalls nachwürzen und das Curry für 20 Minuten köcheln lassen.
6. Umrühren, abschmecken und servieren.

**Kidney Eintopf**
*10 Min. Zubereitungszeit / 0 Min. Ruhezeit / 25 Min. Kochzeit*

## Zutaten für 4 Portionen:

- 2 Dosen Kidney Bohnen, abgetropft
- 1 Chili, gehackt
- 2 Süßkartoffeln, in Würfel
- 1 Bund Koriander, gehackt
- 1 Bund Oregano, gehackt
- 1 Bund Schnittlauch, gehackt
- 2 Dosen gehackte Tomaten
- 200 ml Weißwein
- Salz & Pfeffer
- 1 EL Öl
- 1 EL Paprikapulver, edelsüß
- ¼ TL Cayenne
- 1 Paprika Trio, gehackt

## Zubereitung:

1. Erhitzen Sie den Topf von ihrem Dutch Oven und geben Sie das Öl hinein.
2. Braten Sie die Kräuter und Gewürze kurz an und mischen Sie die Bohne unter.
3. Die Chilis hineingeben und mit dem Weißwein und den gehackten Tomaten ablöschen.
4. Die Paprika einrühren und die Süßkartoffeln unterheben. Den Eintopf für 20 Minuten köcheln lassen. Abschmecken und servieren.

**Gratin aus Kartoffeln**
*20 Min. Zubereitungszeit / 30 Min. Ruhezeit / 90 Min. Kochzeit*

## Zutaten für 4 Portionen:

- 1200 g Kartoffeln, in Scheiben
- 2 g Muskatnuss, gerieben
- 150 ml Sojamilch
- 250 g veganer Käse, gerieben
- 300 ml vegane Schlagcreme
- Salz & Pfeffer
- Öl

## Zubereitung:

1. Legen Sie die Kartoffeln in eine Schüssel und geben Sie soviel Wasser darüber, dass alle Scheiben bedeckt sind. Lassen Sie die Kartoffeln dort für 30 Minuten quellen und schütten Sie das Wasser ab. Die Scheiben gut abtropfen lassen.

2. Erhitzen Sie ihre Feuerstelle mit 12 Briketts und geben Sie ihren Dutch Oven Topf auf 4 Briketts darauf, lassen Sie die restliche Kohle kurz weiter glühen.

3. Geben Sie die Milch und die Schlagcreme hinein und rühren Sie die Gewürze unter. Kochen Sie die Soße auf und geben Sie die Kartoffeln hinein.

4. Streuen Sie den Käse darüber und den Deckel auflegen, die restlichen Briketts auf dem Deckel verteilen.

5. Lassen Sie das Gratin für 70-80 Minuten garen.

**Bierbrot**
*20 Min. Zubereitungszeit / 90 Min. Ruhezeit / 60 Min. Kochzeit*

## Zutaten für 1 Brot:

- 8 g Hefe, frisch
- 1 EL Zuckerrübensirup
- 450 g Weizenmehl
- 270 g Roggenmehl
- 75 g Sauerteig
- 2 Bananen, zerdrückt
- 100 g Haferflocken, fein
- 300 ml Bier, hell, warm
- 1 EL Salz
- 1 TL Öl

## Zubereitung:

1. Geben Sie die Hefe mit dem Sirup und dem Bier in eine Schüssel und vermischen Sie dies solange, bis die Hefe aufgelöst ist.
2. Nun die Banane untermischen und den Sauerteig einrühren.
3. Die Mehlsorten hinzufügen und das Salz einkneten.
4. Den Teig für 90 Minuten ruhen lassen, erneut kneten und zu einem Laib formen.
5. Erhitzen Sie ihren Dutch Oven Topf und geben das Brot hinein.
6. Den Topf mit dem Deckel verschließen und ca. 5 Kohlen oder Briketts auf den Deckel geben. Das Brot so für 60 Minuten ausbacken.

**Fladenbrot aus Italia**
*10 Min. Zubereitungszeit / 30 Min. Ruhezeit / 15 Min. Kochzeit*

## Zutaten für 2 Portionen:

- 20 g veganes Schmalz
- 8 g Hefe, frisch
- 1 EL Öl, zum Bestreichen
- 1 EL Kräuter, gehackt
- 5 Peperoni, in Stücken
- 310 g Wasser
- 11 g Salz
- 10 g Olivenöl
- 245 g Hartweizengrieß
- 245 g Weizenmehl

## Zubereitung:

1. Die Hefe im Wasser auflösen.
2. Geben Sie das Mehl, Wasser und den Grieß mit dem Schmalz, Salz und Olivenöl in eine Schüssel und verkneten Sie alles gut.
3. Lassen Sie den Teig 30 Minuten ruhen und erhitzen Sie in dieser Zeit den Deckel ihres Dutch Oven Topfes.
4. Kneten Sie den Teig erneut durch und rollen Sie diesen zu zwei Fladen aus. Jeden Fladen mit etwas Öl bestreichen und mit der Peperoni belegen.
5. Die Fladen auf dem Deckel für jeweils 15 Minuten ausbacken.

**Zucchinirollen**
*10 Min. Zubereitungszeit / 0 Min. Ruhezeit / 15 Min. Kochzeit*

## Zutaten für 4 Portionen:

- 4 Zucchini, in länglichen Scheiben
- 200 g Tofu
- 1 Tomate, gehackt
- 1 Zwiebel, gehackt
- 1 Knoblauchzehe, gehackt
- 200 g veganer Frischkäse
- Salz & Pfeffer
- Zahnstocher

## Zubereitung:

1. Nehmen Sie bitte 6 Briketts und erhitzen Sie diese in ihrem Anzündkamin.
2. Geben Sie den Deckel ihres Dutch Oven auf die Briketts und erhitzen Sie diesen.
3. Legen Sie die Zucchini scheiben auf eine Arbeitsplatte.
4. Geben Sie die anderen Zutaten in einen Mixer und

vermischen Sie alles zu einer schönen Masse.

5. Die Zucchinischeiben damit bestreichen und aufrollen, mit einem Zahnstocher fixieren und auf den Deckel geben. Dort von jeder Seite für 4-6 Minuten garen.

**Kartoffeln mit Quark**
*10 Min. Zubereitungszeit / 0 Min. Ruhezeit / 20 Min. Kochzeit*

## Zutaten für 4 Portionen:

- 1 Kg Kartoffeln
- Alufolie
- 500 g veganer Quark
- Salz & Pfeffer
- 1 Zwiebel, gehackt
- 1 Bund Schnittlauch, gehackt
- 1 Zitronensaft
- 1 Bund Oregano, gehackt
- 1 Bund Petersilie, gehackt
- 4 Stiele Liebstöckel, gehackt

## Zubereitung:

1. Geben Sie etwa 10 Briketts in ihren Anzündkamin und erhitzen Sie diese.
2. Stellen Sie ihren Dutch Oven Topf darauf und legen Sie die Kartoffeln mit Schale hinein.
3. Geben Sie so viel Wasser dazu, dass die Kartoffeln bedeckt sind und lassen Sie diese für 20 Minuten kochen.
4. Mit einer Gabel schauen, ob die Kartoffeln gar sind, die Gabel sollte leicht hineingehen. Die Kartoffeln abgießen.
5. Den Quark mit den Kräutern, Pfeffer und Salz sowie dem Zitronensaft vermischen und zu den Kartoffeln reichen.

**Mango Chili**
*15 Min. Zubereitungszeit / 0 Min. Ruhezeit / 25 Min. Kochzeit*

## Zutaten für 4 Portionen:

- 2 EL Tomatenmark
- 2 Dose Kokosmilch
- 1 Chili, gehackt
- 1 Bund Koriander, gehackt
- 1 Limettensaft
- 2 Mango, in Stücken
- 200 g Tofu, in Stücken
- 4 Süßkartoffeln, in Stücke
- 1 EL Curry
- 1 TL Kurkuma
- 1 EL Kokosöl

## Zubereitung:

1. Erhitzen Sie den Dutch Oven Topf und geben Sie das Öl hinein, braten Sie die Süßkartoffeln, Tofu und die Chilis an.
2. Die Mango unterheben und mitanbraten.
3. Geben Sie die Gewürze dazu und braten Sie diese kurz mit an, dann mit der Kokosmilch ablöschen und das Tomatenmark einrühren. Den Limettensaft untermischen und abschmecken.
4. Alles für 20 Minuten köcheln lassen und mit frischem Koriander servieren.

# Grillfackeln
**10 Min. Zubereitungszeit / 0 Min. Ruhezeit / 15 Min. Kochzeit**

## Zutaten für 4 Portionen:

- 200 g Seitan
- 2 TL Hefeflocken
- 200 ml Wasser
- 2 EL Tomatenmark
- 1 EL Sojasoße
- ½ TL Paprikapulver, edelsüß
- 2 TL Pilzpulver
- 2 TL Gemüsebrühe, instant
- 50 g Karottenpüree
- 4 EL BBQ Soße, vegan

## Zubereitung:

1. Nehmen Sie 12 Holzspieße und legen Sie diese in Wasser ein.
2. Die Zutaten bis auf die Soße in einen Mixer geben und zu einem Teig verarbeiten.
3. Den Teig in 12 Teile schneiden und jedes Teilstück ausrollen, den Teig um die Spieße wickeln und feste andrücken.
4. Mit der Soße bestreichen.
5. Den Deckel ihres Dutch Oven erhitzen und die Spieße für 15 Minuten darauf garen, gelegentlich umdrehen.

# Suppen und Eintöpfe

**Gulasch Suppe**
*20 Min. Zubereitungszeit / 0 Min. Ruhezeit / 60 Min. Kochzeit*

## Zutaten für 4 Portionen:

- 500 g Rindergulasch, in Stücken
- 1 Paprika Trio, gehackt
- 2 Zwiebeln, in Viertel
- 3 Knoblauchzehen, gehackt
- 2 Essiggurken aus dem Glas, gehackt
- 1 EL Senf
- 1 EL Tomatenmark
- 1 Liter Wasser
- 1 Dose gehackte Tomaten
- 200 g Champignon, in Stücken
- 2 EL Öl
- 5 Kartoffeln, in Würfel
- 2 TL Kartoffelstärke
- Salz & Pfeffer

## Zubereitung:

1. Nehmen Sie den Dutch Oven Topf und erhitzen Sie 6 Briketts, stellen Sie den Topf darauf und geben Sie die Zwiebeln, Knoblauch und die Gurken hinein. Braten Sie dies gut an und bestäuben Sie die Mischung mit der Kartoffelstärke.

2. Nun das Fleisch dazugeben und den Senf sowie das Tomatenmark. Die Pilze unterheben und alles anbraten. Die Paprika dazugeben und die Kartoffelwürfel unterheben.

3. Nun die Mischung würzen und mit dem Wasser sowie den gehackten Tomaten ablöschen.

4. Alles für 50 Minuten köcheln lassen, gelegentlich umrühren und den Deckel nur leicht auflegen, es sollte noch Dampf entweichen können.

**Pizzasuppe**
***20 Min. Zubereitungszeit / 0 Min. Ruhezeit / 30 Min. Kochzeit***

## Zutaten für 6 Portionen:

- 2 Zwiebeln, gehackt
- 1 Dose Pilze
- 200 g Schmelzkäse
- 2 Paprika, gehackt
- 750 ml Gemüsebrühe
- 200 g Salami, gehackt
- 500 g Hackfleisch
- 1 Dose Mais
- 1 Becher Sahne
- 2 EL Öl
- Salz & Pfeffer
- 1 EL italienische Kräuter

## Zubereitung:

1. Brennen Sie 8 Briketts an und stellen Sie ihren Dutch Oven Topf darauf.
2. Geben Sie das Hackfleisch mit den Zwiebeln, der Salami, den Gewürzen sowie dem Öl hinein und braten Sie alles gut an.
3. Den Mais, die Pilze und die Brühe sowie die Sahne untermischen. Alles für 10 Minuten aufkochen lassen und den Käse hineingeben.
4. Diesen solange verrühren, bis er geschmolzen ist.
5. Die Suppe weitere 15 Minuten köcheln lassen, würzen, abschmecken und servieren.

**Lauch Suppe**
*15 Min. Zubereitungszeit / 0 Min. Ruhezeit / 30 Min. Kochzeit*

## Zutaten für 4 Portionen:

- 3 Stangen Porree, in Ringe
- 500 g Rinderhack
- Salz & Pfeffer
- 2 Schmelzkäse
- 1 Liter Wasser
- 1 Knoblauchzehe, gehackt
- 1 Prise Muskatnuss, gerieben
- 1 Prise Ingwer, gerieben
- 2 EL Öl

## Zubereitung:

1. Bereiten Sie den Dutch Oven Topf vor, erhitzen Sie diesen und geben Sie das Öl hinein.
2. Dann den Knoblauch mit den Gewürzen anbraten und das Hackfleisch unterheben. Dieses krümelig braten und die Porree Ringe dazugeben.
3. Sofort mit dem Wasser aufgießen und sobald die Mischung aufkocht, den Käse einrühren.
4. Alles köcheln lassen und immer wieder umrühren, bis der Käse komplett geschmolzen ist.
5. Abschmecken und servieren.

**Linsensuppe**
*10 Min. Zubereitungszeit / 0 Min. Ruhezeit / 120 Min. Kochzeit*

## Zutaten für 2 Portionen:

- 200 g Linsen, getrocknet
- 100 g Kartoffeln, in Stücke
- 1 Bund Suppengrün, zerkleinert
- 1 Flasche Bier, dunkel
- 300 g Bauchspeck, gewürfelt
- Salz & Pfeffer
- 750 ml Rinderfond
- 1 EL Öl
- Salz & Pfeffer
- 1 Prise Muskatnuss, gerieben

## Zubereitung:

1. Erhitzen Sie ihren Dutch Oven Topf mit ca. 12-14 Briketts.
2. Die Bauchspeckwürfel anbraten.
3. Geben Sie das Öl dazu und braten Sie das Suppengrün mit darin an.
4. Die Kartoffeln unterheben und ebenfalls anbraten.
5. Die Linsen einrühren und anrösten, alles mit dem Bier ablöschen und den Fond unterheben.
6. Die Suppe für 2 Stunden köcheln lassen, immer wieder umrühren, abschmecken und servieren.

**Kokos Thai Suppe**
*10 Min. Zubereitungszeit / 0 Min. Ruhezeit / 20 Min. Kochzeit*

## Zutaten für 4 Portionen:

- 1 Bund Frühlingszwiebeln, in Ringe
- 3 Karotten, in Scheiben
- 1 Stängel Zitronengras, gehackt
- 2 EL Sojasoße
- 1 EL Fischsoße
- 2 Dosen Kokosmilch
- 200 ml Weißwein
- 200 g Glasnudeln
- 1 Bund Koriander, gehackt
- 1 Limettensaft & Abrieb
- 200 g Garnelen, küchenfertig
- 1 EL Kokosöl
- 1 Chili, gehackt
- 1 EL 5 Gewürzpulver Asia

## Zubereitung:

1. Erhitzen Sie 10 Briketts und geben Sie den Topf ihres Dutch Ovens, auf die direkte Hitze.

2. Das Kokosöl schmelzen und die Garnelen mit dem Zitronengras, Karotten und der Chili anbraten.

3. Mit dem Limettensaft und Abrieb etwas ablöschen, Sojasoße und Fischsoße sowie die das Gewürz darüber geben.

4. Den Weißwein und die Kokosmilch hineinrühren und aufkochen lassen.

5. Die Glasnudeln hineingeben und alles für 10 Minuten ziehen lassen. Mit Koriander und Frühlingszwiebeln garnieren und servieren.

**Tomaten Nudeln Suppe**
***5 Min. Zubereitungszeit / 0 Min. Ruhezeit / 20 Min. Kochzeit***

## Zutaten für 4 Portionen:

- 500 g Rinderhack
- 2 Dosen gehackte Tomaten
- 250 ml Sahne
- 250 ml Gemüsebrühe
- 1 Bund Suppengrün, gehackt
- 2 Zwiebeln, gehackt
- 500 g Hörnchen-Nudeln
- 2 Knoblauchzehen, gehackt
- 1 Bund Basilikum zum Garnieren
- 2 EL Öl

## Zubereitung:

1. Stellen Sie ihren Dutch Oven Topf auf die Feuerstelle und erhitzen Sie diesen.

2. Geben Sie das Öl, Hackfleisch, Zwiebeln, Knoblauch und das Gemüse hinein. Braten Sie alles gut an und heben Sie die Nudeln unter.

3. Füllen Sie sofort die Flüssigkeiten hinein, würzen Sie alles mit Salz und Pfeffer und lassen Sie die Nudeln aufkochen. Die Suppe sollte ca. 15 Minuten köcheln.

4. Abschmecken und mit dem Basilikum garniert, servieren.

## Creme Suppe
### *15 Min. Zubereitungszeit / 0 Min. Ruhezeit / 20 Min. Kochzeit*

### Zutaten für 4 Portionen:

- 1 Brokkoli, in Röschen
- 1 Blumenkohl, in Röschen
- 1 Stange Porree, in Ringen
- 2 Knoblauchzehen, gehackt
- 4 EL Kartoffelstärke
- 200 g Kartoffeln, in Würfel
- 1 Liter Gemüsefond
- 2 EL Öl
- Salz & Pfeffer
- 200 ml Sahne

### Zubereitung:

1. Erhitzen Sie ihren Dutch Oven und geben Sie das Öl hinein.
2. Braten Sie die Kartoffeln mit dem Knoblauch an, bis diese schön gebräunt sind. Das restliche Gemüse dazugeben und ebenfalls kurz mit anbraten. Mit der Kartoffelstärke bestäuben und mit dem Gemüsefond ablöschen.
3. Alles für 15 Minuten köcheln lassen.
4. Mit einem Stabmixer pürieren und die Sahne einfließen lassen, alles vermischen, abschmecken und servieren.

## Erbsen Eintopf
### *30 Min. Zubereitungszeit / 0 Min. Ruhezeit / 35 Min. Kochzeit*

### Zutaten für 4 Portionen:

- 350 g Bauchspeck, gewürfelt
- 1 Gemüsezwiebel, gehackt
- 250 g Karotten, in Würfel
- 4 Knoblauchzehen, gehackt
- 500 g Kartoffeln, in Würfel
- 250 ml Gemüsebrühe
- 500 g grüne Erbsen, aus der TK
- 1 Mettwurst, in Scheiben
- 1 Liter Wasser
- Salz & Pfeffer

### Zubereitung:

1. Feuern Sie 6 Briketts an und stellen Sie ihren Dutch Oven Topf direkt auf die Hitze.
2. Geben Sie den Bauchspeck und den Knoblauch in den Topf und lassen Sie diesen rösten, so dass das Fett austritt.
3. Die Kartoffeln, Karotten, Mettwurst und die Zwiebel ebenfalls anrösten.
4. Die Erbsen hineingeben und alles mit der Gemüsebrühe

und dem Wasser aufgießen. Den Eintopf aufkochen lassen und würzen.

5. Alles für 25 Minuten köcheln lassen und servieren.

**Chili Eintopf**
*10 Min. Zubereitungszeit / 0 Min. Ruhezeit / 20 Min. Kochzeit*

## Zutaten für 4 Portionen:

- 500 g Rinderhackfleisch
- 2 Dosen Kidneybohnen, abgetropft
- 2 Chili, gehackt
- 2 Knoblauchzehen, gehackt
- 2 Dosen gehackte Tomaten
- 1 Bund Koriander, gehackt
- 1 Bund Petersilie, gehackt
- 1 Dose Mais
- 2 Paprika rot, gehackt
- 1 EL Öl
- 2 rote Zwiebeln, gehackt
- 1 Limettensaft

## Zubereitung:

1. Den Dutch Oven Topf auf die Feuerstelle stellen und diesen erhitzen.

2. Das Hackfleisch, Chili, Knoblauch, Zwiebeln und Bohnen anbraten.

3. Die Kräuter dazugeben und mit dem Limettensaft unterheben.

4. Alles mit den Tomaten ablöschen und aufkochen. Die Paprika und den Mais hineingeben und das Chili für 15 Minuten köcheln lassen.

# Sauerkraut Eintopf
*15 Min. Zubereitungszeit / 0 Min. Ruhezeit / 25 Min. Kochzeit*

## Zutaten für 4 Portionen:

- 2 Dosen Sauerkraut, abgetropft
- 500 g Bauchspeck, in Würfel
- 350 g Kartoffeln, in Würfel
- 2 EL Öl
- 350 ml Weißwein
- 1 TL Kreuzkümmel
- Salz & Pfeffer
- 4 Mettenden

## Zubereitung:

1. Geben Sie das Öl in den Dutch Oven und erhitzen Sie diesen auf ihrer Feuerstelle.
2. Braten Sie den Bauchspeck mit den Kartoffeln darin an.
3. Geben Sie die Gewürze dazu und vermischen Sie alles gut.
4. Das Sauerkraut mit hineingeben und mit dem Weißwein auffüllen und für 20 Minuten köcheln lassen.

**Fisch Topf**
*20 Min. Zubereitungszeit / 0 Min. Ruhezeit / 15 Min. Kochzeit*

## Zutaten für 4 Portionen:

- 300 g Lachsfilet, in Stücken
- 200 g Butterfisch, in Stücken
- 200 g Garnelen, küchenfertig
- 2 Zitronen, Saft & Abrieb
- 1 Bund Dill, gehackt
- 1 Bund Koriander, gehackt
- 2 EL Öl
- Salz & Pfeffer
- 500 ml Kokosmilch
- 1 Zitronengrasstängel, gehackt
- 1 Chili, gehackt
- 2 Knoblauchzehen, gehackt
- 2 Zwiebeln, gehackt
- 2 Möhren, gehackt

## Zubereitung:

1. Feuern Sie etwa 6 Briketts an und stellen Sie den Topf ihres Dutch Ovens darauf.
2. Erhitzen Sie das Öl darin und geben Sie Zwiebel, Zitronengras, Knoblauch, Möhren und Kräuter hinein.
3. Braten Sie dieses gut an und geben Sie die Chilis sowie die Garnelen dazu.
4. Füllen Sie den Inhalt mit der Kokosmilch auf und rühren Sie den Zitronensaft sowie Abrieb hinein. Den Lachs und den Butterfisch vorsichtig hineingeben und alles für 10 Minuten köcheln lassen.
5. Abschmecken und servieren.

# Tortellini Eintopf

*10 Min. Zubereitungszeit / 0 Min. Ruhezeit / 20 Min. Kochzeit*

## Zutaten für 4 Portionen:

- 2 EL Öl
- 2 Möhren, in Scheiben
- 1 Brokkoli, in Röschen
- 1 Liter Hühnerfond
- 1 Packung Tortellini, aus der Kühlung
- 1 Paprika rot, gehackt
- 1 Zwiebel, gehackt
- 1 Knoblauchzehe, gehackt
- 1 Bund Petersilie, zum Garnieren
- 20 Cocktailtomaten, halbiert
- 2 Schmelzkäse
- Salz & Pfeffer

## Zubereitung:

1. Feuern Sie ihre Feuerstelle ein und geben Sie ihren Dutch Oven Topf auf die Hitze.
2. Erhitzen Sie das Öl und geben Sie die Möhren, Paprika, Zwiebel, Knoblauch und Cocktailtomaten hinein. Braten Sie die Zutaten für 5 Minuten an und fügen Sie den Brokkoli und die Tortellini hinzu.
3. Kurz mit anbraten und mit der Brühe ablöschen und erneut aufkochen lassen. Dann den Schmelzkäse einrühren und den Eintopf für 15 Minuten ziehen lassen.
4. Umrühren, würzen, abschmecken und servieren.

**Bruscetta Suppe**
*20 Min. Zubereitungszeit / 0 Min. Ruhezeit / 40 Min. Kochzeit*

## Zutaten für 4 Portionen:

- 1 Kg Strauchtomaten, gehackt
- 1 Bund Petersilie, gehackt
- 1 Bund Oregano, gehackt
- 1 Bund Basilikum, gehackt
- 1 Liter Rinderfond
- 200 ml Sahne
- 2 EL Öl
- 3 Knoblauchzehen, gehackt
- 2 Fleischtomaten, gehackt
- 1 Gemüsezwiebel, gehackt
- 1 Zwiebel, gehackt
- 15 g Ingwer, gerieben
- ½ TL Salz
- ½ TL Pfeffer

## Zubereitung:

1. Stellen Sie ihren Dutch Oven Topf auf die Feuerstelle und lassen Sie diesen erhitzen.

2. Dann geben Sie das Öl hinein und braten Die Strauchtomaten, Kräuter, Knoblauchzehen, Ingwer und die Zwiebel an.

3. Löschen Sie die Mischung mit dem Rinderfond ab und lassen Sie alles für 30 Minuten köcheln. Dann mit einem Stabmixer pürieren. Die Suppe durch dein Sieb geben und auffangen.

4. Erneut in den Topf einfüllen.

5. Die Sahne unterheben und die Gemüsezwiebel hineingeben. Die Fleischtomaten unterheben und alles für weitere 10 Minuten köcheln lassen. Würzen, abschmecken und servieren.

## Rosenkohl Eintopf
### *15 Min. Zubereitungszeit / 0 Min. Ruhezeit / 35 Min. Kochzeit*

## Zutaten für 4 Portionen:

- 500 g Rosenkohl
- 500 g Hackfleisch
- 300 ml Gemüsefond
- 1 Schmelzkäse
- 1 Zwiebel, gehackt
- 3 Knoblauchzehen, gehackt
- 1 Paprika Trio, gehackt
- 500 ml Kokosmilch
- 1 EL Sojasoße
- Salz & Pfeffer
- 2 EL Butter

## Zubereitung:

1. Geben Sie ihren Dutch Oven Topf auf ihre Feuerstelle und schmelzen Sie die Butter in dem Topf.
2. Fügen Sie die Zwiebel, Knoblauch und das Hackfleisch hinein und braten Sie alles gut an. Geben Sie den Rosenkohl und die Paprika dazu und braten Sie diesen ebenfalls an.
3. Alles mit der Brühe und der Kokosmilch ablöschen und die Gewürze einrühren.
4. Den Schmelzkäse einrühren und solange rühren bis dieser geschmolzen ist.
5. Alles für 25 Minuten weiterköcheln, abschmecken und servieren.

# Kichererbsen Eintopf
### *10 Min. Zubereitungszeit / 0 Min. Ruhezeit / 20 Min. Kochzeit*

## Zutaten für 4 Portionen:

- 2 Dosen Kichererbsen, abgetropft
- 4 Mettwürste, in Scheiben
- 1 Bund Suppengemüse, gehackt
- 1 Chili, gehackt
- 1 Bund Koriander, gehackt zum Garnieren
- 3 rote Paprika, gehackt
- 3 Stangen Sellerie, gehackt
- 1 EL Öl
- Salz & Pfeffer
- 800 ml Rinderbrühe
- 2 TL Kartoffelstärke
- 4 Kartoffeln, in Würfel

## Zubereitung:

1. Feuern Sie 8 Briketts an und stellen Sie den Dutch Oven Topf auf die Hitze.
2. Geben Sie das Öl, Mettwürste, Kartoffeln, Chili, Sellerie und das Suppengemüse hinein. Bestäuben Sie die Zutaten mit der Kartoffelstärke.
3. Braten Sie alles gut an und löschen Sie es mit der Rinderbrühe ab. Lassen Sie diese aufkochen. Würzen Sie den Eintopf.
4. Die Mischung für 10 Minuten köcheln lassen, die Kichererbsen hineingeben und für weitere 5-10 Minuten köcheln lassen. Abschmecken und servieren.

**Curry Eintopf**
*15 Min. Zubereitungszeit / 0 Min. Ruhezeit / 25 Min. Kochzeit*

## Zutaten für 4 Portionen:

- 500 g Hähnchenbrustfilet, in Stücken
- 1 Dose Ananas in Stücken, abgetropft
- 1 EL Currypaste, rot
- 1 EL Kurkuma
- 1 Paprika Trio, gehackt
- 2 Zwiebeln, gehackt
- 2 Dosen Kokosmilch
- 200 g Reisnudeln
- 1 Bund Frühlingszwiebeln, in Ringe
- 1 Chili, gehackt
- 1 EL Kokosöl
- Salz & Pfeffer

## Zubereitung:

1. Erhitzen Sie ihren Topf von ihrem Dutch Oven.
2. Geben Sie das Öl mit den Gewürzen hinein, rösten Sie diese an und heben Sie das Fleisch unter. Braten Sie das Fleisch darin gut an.
3. Die Zwiebeln, Paprika und die Chilis unterheben.
4. Die Ananas dazugeben und alles mit der Kokosmilch ablöschen.
5. Die Kokosmilch aufkochen und die Reisnudeln hineingeben, alles würzen und für 15 Minuten köcheln lassen.
6. Abschmecken und mit den Frühlingszwiebeln servieren.

**One Pot Eintopf**

*5 Min. Zubereitungszeit / 0 Min. Ruhezeit / 20 Min. Kochzeit*

## Zutaten für 4 Portionen:

- 500 g Brokkoli, in Röschen
- 300 g Erbsen, TK
- 300 g Nudeln
- 1 Zwiebel, gehackt
- 750 ml Brühe
- 500 ml Sahne
- ½ Bund Basilikum, gehackt

## Zubereitung:

1. Erhitzen Sie den Dutch Oven Topf und kochen Sie darin die Sahne mit der Brühe auf.
2. Rühren Sie alle Zutaten hinein und lassen Sie den Eintopf für 10-15 Minuten köcheln, gelegentlich umrühren und abschmecken.

**Zitronen Eintopf**
*15 Min. Zubereitungszeit / 0 Min. Ruhezeit / 30 Min. Kochzeit*

## Zutaten für 4 Portionen:

- 500 g Spaghetti
- 250 ml Orangensaft, frisch
- 600 ml Wasser
- 1 EL Salz
- 50 g Amaretto
- 1 Zitrone, Saft & Abrieb
- 1 Bund Minze, gehackt
- 200 ml Sahne

## Zubereitung:

1. Den Topf ihres Dutch Oven auf die Hitzequelle stellen und den Orangensaft sowie die Sahne darin aufkochen.
2. Die Gewürze und Kräuter hineingeben.
3. Die Nudeln, Amaretto und Saft sowie Abrieb der Zitrone einrühren.
4. Alles für 20 Minuten köcheln lassen und abschmecken.

# Vegetarisch

**Bohnen Chili**
*10 Min. Zubereitungszeit / 0 Min. Ruhezeit / 45 Min. Kochzeit*

## Zutaten für 4 Portionen:

- 250 g Linsen, rot
- 1 Dose Mais, abgetropft
- 1 Dose schwarze Bohnen, abgetropft
- 2 Dosen gehackte Tomaten
- 4 EL Tomatenmark
- 2 Zwiebeln, gehackt
- 1 EL Öl
- 3 Knoblauchzehen, gehackt
- 1 TL Kurkuma
- 1 EL Paprikapulver
- 1 EL Agavendicksaft
- Salz & Pfeffer
- 300 ml Wasser
- 1 Dose Kidneybohnen
- 1 EL Rohkakao

## Zubereitung:

1. Feuern Sie 8 Briketts in ihrem Anzündkamin an.
2. Geben Sie den Dutch Oven Topf, direkt auf die Hitze und erhitzen Sie das Öl darin.
3. Braten Sie die Linsen, Zwiebeln, Knoblauch und Bohnen scharf an.
4. Würzen Sie die Mischung und geben Sie den Kakao und den Agavendicksaft darüber.
5. Alles mit den gehackten Tomaten und dem Wasser ablöschen. Die restlichen Zutaten einrühren und alles aufkochen lassen.
6. Mit offenem Deckel für 40 Minuten köcheln lassen.

**Gefüllte Paprika**
*20 Min. Zubereitungszeit / 0 Min. Ruhezeit / 30 Min. Kochzeit*

## Zutaten für 4 Portionen:

- 4 Paprika
- 1 Zwiebel, gehackt
- 1 Knoblauchzehe, gehackt
- 2 Dosen gehackte Tomaten
- 200 ml Schlagcreme, vegan
- 50 ml Weißwein
- 2 EL Gemüsebrühe, instant
- 1 Möhre, geraspelt
- 100 g vegetarischer Käse, gerieben
- 60 g Reis, gekocht

## Zubereitung:

1. Vermischen Sie den Reis mit dem Käse, Gemüsebrühe, Zwiebeln, Knoblauch und der Möhre.
2. Waschen Sie die Paprika, entfernen Sie den Deckel und höhlen Sie diese aus. Geben Sie die Reismischung hinein.
3. Erhitzen Sie die Feuerquelle und stellen Sie den Topf des Dutch Ovens darauf.
4. Stellen Sie die Paprika hinein und geben Sie die gehackten Tomaten, Weißwein und die Schlagcreme hinein.
5. Lassen Sie die Paprika für 30 Minuten garen.

**Gemüseauflauf**
*10 Min. Zubereitungszeit / 30 Min. Ruhezeit / 60 Min. Kochzeit*

## Zutaten für 4 Portionen:

- 3 Knoblauchzehen, gehackt
- Salz & Pfeffer
- 10 Kartoffeln, in Scheiben
- 2 Zucchini, in Stücken
- 3 Tomaten, in Scheiben
- 1 Dose gehackte Tomaten
- 100 ml Öl
- 4 EL Semmelbrösel
- 4 EL Parmesan, gerieben
- 1 Packung italienische Kräuter, gehackt

## Zubereitung:

1. Geben Sie alle Zutaten, bis auf die Brösel und den Parmesan, in eine Schüssel und lassen Sie diese für 30 Minuten durchziehen.
2. Erhitzen Sie den Dutch Oven Topf und geben Sie die Mischung hinein.
3. Alles für 40 Minuten garen lassen.
4. Die Semmelbrösel mit dem Parmesan darüber geben und

den Deckel auflegen. Die Glut auf dem Deckel verteilen und für weitere 20 Minuten garen.

**Grünkohl Topf**
*20 Min. Zubereitungszeit / 0 Min. Ruhezeit / 35 Min. Kochzeit*

## Zutaten für 4 Portionen:

- 3 Kartoffeln, in Stücke
- 1 Zwiebel, gehackt
- 6 EL Öl
- 300 g Grünkohl, in Streifen
- 2 EL Senf
- 250 ml vegetarische Schmand Creme
- 3 Rote Beete, gehackt
- 1 Zucchini, in Stücken
- 1 Aubergine, in Stücken
- 2 Möhren, gehackt
- 1 Stange Lauch, gehackt
- 3 Knoblauchzehen, gehackt
- ½ Bund Liebstöckel

## Zubereitung:

1. Erhitzen Sie den Dutch Oven Topf und geben Sie die Zucchini, Aubergine, Rote Beete, Möhren, Lauch, Knoblauch und den Liebstöckel in den Topf. Braten Sie alles sehr gut an. Entnehmen Sie die Mischung und pürieren Sie diese. Geben Sie die Soße durch ein Sieb und fangen Sie die Flüssigkeit auf.

2. In den Dutch Topf nun das Öl geben und die restlochen Zutaten, bis auf die Schmand Creme, anbraten.

3. Die Soße und den Schmand einrühren und alles für 25 Minuten köcheln lassen.

**Jackfruit Tortilla**
*20 Min. Zubereitungszeit / 0 Min. Ruhezeit / 20 Min. Kochzeit*

## Zutaten für 4 Portionen:

- 8 Tortilla-Wraps
- 600 g Jackfruit, aus der Dose
- 400 g Kokosmilch
- 100 g Schmand, vegetarisch
- 1 Bund Frühlingszwiebeln, in Ringe
- 1 Zitronengrasstängel, gehackt
- 1 EL Kokosöl
- 1 EL Limettenblätter, gemahlen
- 4 EL Mango-Soße
- 1 EL Kartoffelstärke
- 1 Chili, gehackt
- 1 Dose Mais, abgetropft
- 8 g Ingwer, gerieben

## Zubereitung:

1. Feuern Sie etwa 8 Briketts an und stellen Sie den Dutch Oven Topf darauf.

2. Geben Sie das Öl hinein und braten Sie die Jackfruit an, heben Sie die Frühlingszwiebeln, Mais, Zitronengras, Ingwern und die Chilis unter. Bestäuben Sie alles mit der Kartoffelstärke.

3. Lassen Sie es kurz eindicken und geben Sie die Kokosmilch und den Schmand hinein. Aufkochen lassen, würzen und die Kokosmilch leicht verkochen lassen.

4. Die Tortilla mit der Mischung befüllen und mit der Mango-Soße garnieren, danach verschließen und servieren.

**Veggi Frikadellen**
*10 Min. Zubereitungszeit / 15Min. Ruhezeit / 25 Min. Kochzeit*

## Zutaten für 4 Portionen:

- 300 g Kartoffeln, in Würfel
- 300 g Brokkoli, in Röschen
- 300 g geriebener Käse
- 2 Eier
- 1 Liter Wasser
- 300 g Erbsen, TK
- 8 EL Paniermehl
- 6 EL Mandelmehl
- 2 EL Salz
- 1 EL Pfeffer
- 2 EL Paprikapulver
- 2 EL Butter

## Zubereitung:

1. Erhitzen Sie den Dutch Oven Topf.
2. Kochen Sie das Wasser auf und geben Sie die Kartoffeln hinein, diese für 10 Minuten garen und den Brokkoli sowie die Erbsen hinzufügen. Weitere 5 Minuten köcheln lassen.
3. Schütten Sie das Wasser ab und geben Sie alle Zutaten, bis auf die Butter, in eine Schüssel. Zerstampfen Sie alles zu einem Teig.
4. Aus diesem Teig formen Sie 8 Frikadellen.
5. Erhitzen Sie den Deckel ihres Dutch Oven Topfes und schmelzen Sie die Butter.
6. Braten Sie die Frikadellen von beiden Seiten für jeweils schön braun an.

**Pilz Topf**
*10 Min. Zubereitungszeit / 0 Min. Ruhezeit / 15 Min. Kochzeit*

## Zutaten für 4 Portionen:

- 200 g Champignon, in Scheiben
- 200 g Pfifferlinge
- 200 g Shiitake, gehackt
- 200 g Butterpilze, gehackt
- 2 EL Kräuterbutter
- 200 ml Gemüsebrühe
- 200 ml Sahne
- ½ TL Salz
- ½ TL Pfeffer
- 2 Knoblauchzehen, gehackt
- 1 Zwiebel, gehackt
- ½ Bund Schnittlauch zum Garnieren

## Zubereitung:

1. Erhitzen Sie ihren Dutch Oven Topf und geben Sie die Kräuterbutter mit den gemischten Pilzen, der Zwiebel und dem Knoblauch hinein.

2. Braten Sie die Pilze gut an und lassen Sie diese für 5 Minuten braten. Würzen und umrühren.

3. Danach löschen Sie die Pilze mit der Sahne und der Gemüsebrühe ab und lassen die Mischung für weitere 10 Minuten köcheln.

4. Bestreuen Sie die Pilze mit dem Schnittlauch und servieren Sie den Pilz Topf heiß.

**Fächer Glück**
*10 Min. Zubereitungszeit / 0 Min. Ruhezeit / 60 Min. Backzeit*

## Zutaten für 2 Portionen:

- 4 Kartoffeln
- 1 Mozzarella, in Scheiben
- 1 Tomate, in Scheiben
- 2 EL Kräuterbutter

## Zubereitung:

1. Schälen Sie die Kartoffeln und schneiden Sie diese wie einen Fächer ein. Aufpassen, dass Sie die Kartoffeln nicht durchschneiden.
2. Die Kräuterbutter in die Lücken streiche, jeweils eine Tomatenscheibe und eine Scheibe Mozzarella hineinstecken.
3. Die Kartoffeln in den Topf geben und nebeneinander auf dem Boden auslegen.
4. Erhitzen Sie 12 Briketts und geben Sie 4 Stück unter den Dutch, den Rest auf dem Deckel verteilen und die Kartoffeln für 60 Minuten garen lassen.

**Pesto Kartoffel**
*10 Min. Zubereitungszeit / 0 Min. Ruhezeit / 60 Min. Backzeit*

## Zutaten für 2 Portionen:

- 4 Kartoffeln
- 100 g geriebener Käse
- 100 g Tofu, in Scheiben
- 1 Glas grünes Pesto

## Zubereitung:

1. Schälen Sie die Kartoffeln und schneiden Sie diese wie einen Fächer ein. Aufpassen, dass Sie die Kartoffeln nicht durchschneiden.
2. Das Pesto in die Rillen streichen, den Tofu hineindrücken und mit dem Käse bestreuen.
3. Die Kartoffeln in den Topf geben und nebeneinander auf dem Boden auslegen.
4. Erhitzen Sie 12 Briketts und geben Sie 4 Stück unter den Dutch, den Rest auf dem Deckel verteilen und die Kartoffeln für 60 Minuten garen lassen.

**Pizza Buchteln**
*20 Min. Zubereitungszeit / 3 Std. Ruhezeit / 45 Min. Backzeit*

## Zutaten für 4 Portionen:

- 1 Prise Salz
- 1 Hefewürfel
- 350 ml warme Milch
- 2 Eier
- 700 g Mehl
- 100 g Butter, weich
- 250 ml Sahne
- 1 Packung italienischer Kräuter
- 1 Tomate, gehackt
- 200 g Käse, gerieben
- 1 Dose Mais

## Zubereitung:

1. Vermischen Sie die Milch und die Butter mit der Hefe, bis diese aufgelöst ist. Kneten Sie die anderen Zutaten, bis auf das Pflaumenmus und die Sahne, zu einem Teig.

2. Lassen Sie den Teig für 2 Stunden ruhen.

3. Mischen Sie den Käse, Mais, Tomaten und die Kräuter.

4. Danach den Teig ausrollen und zu 20 Kugeln formen. In jede Mitte einer Kugel etwas von der Füllung geben und den Teig darum erneut verschließen.

5. Gießen Sie die Sahne in den Dutch Oven Topf und legen Sie die Teigkugeln hinein. Lassen Sie die Mischung erneut für 60 Minuten ruhen.

6. Erhitzen Sie 20 Briketts und geben Sie jeweils zehn Stück unter den Topf und zehn Stück auf den geschlossenen Deckel.

7. Die Buchteln für 45 Minuten ausbacken.

# Brot und Beilagen

**Onion Cheese Bread**
*20 Min. Zubereitungszeit / 20 Min. Ruhezeit / 90 Min. Backzeit*

## Zutaten für 1 Brot:

- 1 Kg Mehl
- 300 ml Wasser, warm
- 200 g Gouda, gerieben
- 40 g Hefe, frisch
- 200 g Speckwürfel, geröstet
- 100 g Röstzwiebeln
- 2 EL Salz

## Zubereitung:

1. Vermischen Sie die Hefe mit dem Salz und rühren Sie diese solange, bis alles flüssig ist.

2. Nun die anderen Zutaten unterheben und alles gut durchkneten. Den Teig für 20 Minuten ruhen lassen.

3. Erneut durchkneten und etwas Backpapier in den Dutch Oven Topf legen. Den Teig zu einem Brotlaib formen und diesen in den Topf setzen. Den Deckel auflegen.

4. Erhitzen Sie 29 Briketts, legen Sie 8 Stück unter den Dutch und den Rest oben auf den Deckel.

5. Das Brot für 1 ½ Stunden darin garen. Herausholen und auskühlen lassen.

# Kürbis Brot
### *20 Min. Zubereitungszeit / 60 Min. Ruhezeit / 45 Min. Backzeit*

## Zutaten für 1 Brot:

- 1 Päckchen Trockenhefe
- 600 g Hokkaidokürbis, geraspelt
- 60 g Walnusskerne, gehackt
- 400 g Weizenmehl
- 2 EL Kürbiskerne
- 1 EL Zucker
- 1 TL Kurkuma
- 1 TL Salz

## Zubereitung:

1. Nehmen Sie die Hälfte der Kürbisraspeln, kochen Sie diese für 3 Minuten und gießen Sie das Wasser ab. Pürieren Sie den gekochten Kürbis.
2. Vermischen Sie die trockenen Zutaten und geben Sie das Püree sowie die Raspeln hinein. Ales gut verkneten und 60 Minuten ruhen lassen.
3. Erhitzen Sie in ihrem Anzündkamin 12 Briketts.
4. Geben Sie etwas Backpapier in ihren Topf und legen Sie den Deckel auf.
5. Stellen Sie den Topf auf 6 Briketts und verteilen Sie den Rest auf dem Deckel.
6. Das Brot dort für 45 Minuten ausbacken, es sollte schön Goldbraun sein und beim Draufdrücken, nicht mehr viel nachgeben.
7. Das Brot komplett erkalten lassen vor dem Anschneiden.

**Eiweißbrot**
*10 Min. Zubereitungszeit / 10 Min. Ruhezeit / 60 Min. Backzeit*

## Zutaten für 1 Brot:

- 300 g Magerquark
- 1 Päckchen Backpulver
- 75 g Sonnenblumenkerne
- 75 g Leinsamen
- 25 g Chiasamen
- 1 TL Salz
- 6 Eiweiß, steif
- 2 EL Dinkelmehl
- 75 g Haferflocken, fein

## Zubereitung:

1. Geben Sie das steife Eiweiß unter den Quark und vermischen Sie beides leicht.

2. Die trockenen Zutaten in einer anderen Schüssel vermischen.

3. Den Quark langsam unter die trockenen Zutaten geben und gut verkneten. 10 Minuten quellen lassen.

4. Den Dutch Oven Topf mit Backpapier auslegen und das Brot zu einem Laib formen und hineingeben.

5. Erhitzen Sie 16 Briketts und geben Sie 6 Stück unter den Topf, legen Sie den Deckel auf und verteilen Sie die restlichen Briketts auf dem Deckel.

6. Das Brot so für 50-60 Minuten ausbacken. Herausnehmen und abkühlen lassen.

# Maiskolben
### *5 Min. Zubereitungszeit / 0 Min. Ruhezeit / 15 Min. Kochzeit*

## Zutaten für 4 Portionen:

- 600 g Maiskolben
- 2 Limettensaft & Abrieb der Schale
- 1 TL Kreuzkümmel, gemahlen
- 1 TL Chipotel Gewürzpulver
- 125 g Butter

## Zubereitung:

1. Die Maiskolben reinigen und schälen.
2. Erhitzen Sie 8 Briketts und geben Sie diese unter den Dutch.
3. Den Dutch Oven Topf mit Wasserfüllen, so dass die Maiskolben, später, knapp bedeckt sind. Das Wasser zum Kochen bringen und die Gewürze einrühren.
4. Nun den Limettensaft sowie die Butter einmischen und die Maiskolben hineingeben.
5. Diese für 15 Minuten köcheln.
6. Herausnehmen und frisch servieren.

## Zutaten für 2 Portionen:

- 4 Kartoffeln
- 2 Käsescheiben
- 1 EL Butter
- 1 EL Baconsalz

## Zubereitung:

5. Schälen Sie die Kartoffeln und schneiden Sie diese wie einen Fächer ein. Aufpassen, dass Sie die Kartoffeln nicht durchschneiden.

6. Die Lücken mit Butter und etwas Käse sowie dem Salz füllen.

7. Die Kartoffeln in den Topf geben und nebeneinander auf dem Boden auslegen.

8. Erhitzen Sie 12 Briketts und geben Sie 4 Stück unter den Dutch, den Rest auf dem Deckel verteilen und die Kartoffeln für 60 Minuten garen lassen.

# Käsenudeln
### *5 Min. Zubereitungszeit / 0 Min. Ruhezeit / 20 Min. Kochzeit*

## Zutaten für 4 Portionen:

- 500 g Hörnchen Nudeln
- 250 g Cheddar, gerieben
- 1 Liter Milch
- Salz
- Pfeffer
- 3 EL Butter
- 250 g Kochsahne
- 1 Prise Muskatnuss, frisch

## Zubereitung:

1. Heizen Sie ihren Dutch Oven mit 6 Briketts ein.
2. Erhitzen Sie die Butter in ihrem Dutch Oven Topf und geben Sie die Sahne sowie die Milch dazu.
3. Rühren Sie die Nudeln ein und lassen Sie diese für 10 Minuten köcheln.
4. Den Käse darüber geben und gut vermischen, die Gewürze untermischen und abschmecken.
5. Etwa 8-10 Minuten köcheln lassen, bis die gewünschte Sämigkeit erreicht ist. Erneut abschmecken und servieren.

# Süßkartoffel Pommes
### *10 Min. Zubereitungszeit / 60 Min. Ruhezeit / 5 Min. Backzeit*

## Zutaten für 4 Portionen:

- 2 Süßkartoffeln
- 4 EL Dinkelmehl
- Öl zum Frittieren
- Salz
- Pfeffer
- 1 Prise Muskatnuss, gemahlen
- 1 Prise Paprikapulver, edelsüß

## Zubereitung:

1. Nehmen Sie die Kartoffeln und waschen Sie die Schale schön sauber. Danach die Kartoffeln zu Pommes Stiften schneiden.
2. Die Pommes Stifte mit Wasser bedecken und 60 Minuten ziehen lassen.
3. Erhitzen Sie ihren Dutch Oven mit 8 Briketts und geben Sie das Öl in den Topf.
4. Erhitzen Sie das Öl.
5. Lassen Sie die Pommes Stifte

abtropfen und wälzen Sie
diese im Dinkelmehl.

6. Nun in das Fett geben und
Frittieren, bis die Pommes
goldbraun sind.
Herausnehmen und würzen,
abschmecken und servieren.

**Weißkraut**
*10 Min. Zubereitungszeit / 0Min. Ruhezeit / 15 Min. Kochzeit*

## Zutaten für 4 Portionen:

- 1 Weißkrautkopf, gehobelt
- 250 g Bacon Würfel
- 2 TL Speisestärke
- ¼ TL Salz
- 2 EL Butter
- ½ TL Pfeffer
- ¼ TL Muskatnuss, gemahlen

## Zubereitung:

1. Nehmen Sie 8 Briketts und erhitzen Sie damit ihren Dutch Oven Topf.

2. Geben Sie die Butter mit dem Bacon hinein und braten Sie beides gut an.

3. Mit der Speisestärke bestäuben und umrühren.

4. Nun nach und nach die Weißkrautraspeln hineingeben.

5. Mit den Gewürzen versehen und bei ständigem Rühren für weitere 10 Minuten garen lassen.

**Limettenreis**
*10 Min. Zubereitungszeit / 0 Min. Ruhezeit / 15 Min. Kochzeit*

## Zutaten für 4 Portionen:

- 3 Limetten
- 600 ml Hühnerfond
- 300 g Jasmin Reis
- 2 EL Butter

## Zubereitung:

1. Schälen Sie die Limetten mit einem Sparschäler und schneiden Sie das Fruchtfleisch in Scheiben, diese Scheiben auf dem Boden von ihrem Dutch Oven Topf verteilen.

2. Den Reis auf die Limettengeben und mit der Brühe aufgießen. Die Butter hineingeben und den Topf verschließen.

3. Erhitzen Sie 8 Briketts und geben Sie ihren Topf direkt darauf.

4. Lassen Sie den Reis für 15 Minuten köcheln und rühren Sie gelegentlich leicht um.

5. Entnehmen Sie die Limetten vor dem Servieren.

**Gewürz Reis**
*10 Min. Zubereitungszeit / 30 Min. Ruhezeit / 15 Min. Kochzeit*

## Zutaten für 4 Portionen:

- 1 Limettenabrieb & Saft
- 4 EL Rosinen
- 600 ml Kokosmilch
- 300 g Jasmin Reis
- 1 Anisstern
- 3 Kardamomkapseln
- 1 Zimtstange
- 1 Lorbeerblatt
- 40 g Mandelstifte
- 1 Chili, gehackt
- 2 EL Butter

## Zubereitung:

1. Vermischen Sie den Reis mit den Gewürzen und lassen Sie diesen für 30 Minuten ruhen.

2. Erhitzen Sie 8 Briketts und geben Sie ihren Topf direkt darauf.

3. Geben Sie den Reis mit den Mandeln und den Rosinen hinein und rösten Sie diesen kurz mit der Butter und den Gewürzen an. Mit der Kokosmilch ablöschen und die restlichen Zutaten unterheben.

4. Lassen Sie den Reis für 15 Minuten köcheln und rühren Sie gelegentlich leicht um.

5. Entnehmen Sie Kardamom, Anis, Zimtstange und das Lorbeerblatt, vor dem Servieren.

# Süßes und Nachtisch

## Zutaten für 4-6 Portionen:

- 1 Ei
- 5 EL Nusscreme
- 1 Glas Sauerkirschen, abgetropft
- 500 g Mehl
- 1 Päckchen Trockenhefe
- 1 Päckchen Vanillepuddingpulver
- 300 ml Milch, warm
- 50 g Butter, geschmolzen
- 1 EL Zucker
- ½ TL Salz

## Zubereitung:

1. Vermischen Sie das Mehl mit dem Puddingpulver, der Hefe und dem Zucker sowie dem Salz.

2. Die Milch mit dem Ei und der Butter vermischen und in das Mehl einkneten. Den Teig zugedeckt für 30 Minuten ruhen lassen.

3. Erneut durchkneten und ausrollen und mit der Nusscreme bestreichen, die Kirschen darauf verteilen und den Teig einrollen, dafür die Seiten einklappen und von unten aufrollen.

4. Den Dutch Oven Topf mit Backpapier auslegen und bereitstellen.

5. Den Teig in 4cm dicke Scheiben schneiden und diese im Topf aneinanderlegen.

6. 10 Briketts unter dem Topf erhitzen und 10 auf den Topfdeckel legen. Den Kuchen darin für 40 Minuten ausbacken.

# Bier Brownie
### *20 Min. Zubereitungszeit / 0 Min. Ruhezeit / 30 Min. Backzeit*

## Zutaten für 4-6 Portionen:

- 2 Orangen
- 1 ½ Becher Schmand
- 1 Glas Orangenmarmelade
- 75 ml Sahne
- 3 EL Honig
- 80 ml dunkles Bier
- 1,5 EL Kakao
- 4 Eier
- 150 g Zucker
- 75 g Haselnüsse, gemahlen
- 150 g Mehl
- 1 Päckchen Backpulver
- 300 g Zartbitter-Kuvertüre, geschmolzen
- 300 g Butter, weich

## Zubereitung:

1. Schälen Sie die Orange, schneiden Sie eine in Filet und drücken Sie eine aus. Den Saft auffangen. Die Orangenfilet in einer Pfanne anrösten und mit der Mischung übergießen.

2. Verrühren Sie einen halben Becher Schmand mit dem Orangensaft, zwei Esslöffeln von dem Bier und der Sahne sowie dem Honig. Zur Seite stellen.

3. Danach vermischen Sie die Butter mit der Schokolade, dem restlichem Schmand, Zucker und dem restlichen Bier.

4. Heben Sie Backpulver, Kakao und die Nüsse unter. Alles gut verrühren.

5. Legen Sie ihren Dutch Oven Topf mit Backpapier aus und erhitzen Sie den Anzündkamin mit Briketts.

6. Den Teig hineingeben, den Deckel auflegen und 3 Briketts unterlegen. Danach 12 Briketts auf dem Deckelverteilen und den Kuchen für 30 Minuten ausbacken. Abkühlen lassen und mit der Marmelade und den Orangenflet garnieren.

**Ananas Ringe**
*10 Min. Zubereitungszeit / 90 Min. Ruhezeit / 10 Min. Backzeit*

## Zutaten für 4 Portionen:

- 1 Ananas, in Scheiben
- 1 Ei
- 100 g Mehl
- 100 g Speisestärke
- 100 ml Rum
- 200 ml Mineralwasser, medium
- 1 TL Backpulver
- 1 Zitronenabrieb
- 1 TL Zimt
- Etwas Puderzucker zum Bestäuben
- Öl zum Frittieren

## Zubereitung:

1. Geben Sie die Ananas mit dem Rum in eine Schale und lassen Sie diese für 90 Minuten ruhen.

2. Vermischen Sie den Zitronenabrieb mit dem Puderzucker und etwas Zimt und stellen Sie die Mischung zur Seite.

3. Aus dem Wasser, Mehl, Speisestärke, Backpulver und dem Ei einen Teig herstellen. Den Teig für 20 Minuten ruhen lassen und erneut durchrühren.

4. Den Dutch Oven aufheizen und das Frittier-Öl hineingeben.

5. Die Ananasscheiben etwas abtropfen lassen und durch den Teig ziehen, kurz abtropfen lassen und in das heiße Fett geben, die Ringe sollten hellbraun bis braun sein und leicht oben schwimmen. Herausnehmen und auf einem Küchentuch abtropfen lassen.

6. Danach mit der Puderzuckermischung bestreuen und servieren.

**Rauchige Pralinen**
*30 Min. Zubereitungszeit / 5 Min. Ruhezeit / 10 Min. Backzeit*

| **Zutaten für 4 Portionen:** | **Zubereitung:** |
|---|---|

**Zutaten für 4 Portionen:**

- 12 Bacon Scheiben
- 200 g Kuvertüre
- 1 EL Mandelsplitter, geröstet
- 150 g Zucker, braun
- 1 TL Chiliflocken
- Zahnstocher zum Fixieren

**Zubereitung:**

1. Vermischen Sie den Zucker mit den Chiliflocken und panieren Sie die Bacon-Scheiben darin.

2. Rollen Sie die Scheiben auf und fixieren Sie diese mit einem Zahnstocher.

3. Legen Sie den Topf des Dutch Oven mit Backpapier aus und geben Sie die Bacon-Rollen hinein.

4. Erhitzen Sie in ihrem Anzündkamin 12 Briketts. Geben Sie 4 Stück unter den Dutch Oven Topf und den Rest auf den geschlossenen Deckel. Backen Sie die Bacon-Rollen für 30 Minuten aus und lassen Sie diese kurz abkühlen.

5. Schmelzen Sie die Schokolade in einem Wasserbad und tauchen Sie jede Rolle hinein, die Schokolade mit Mandeln bestreuen und erkalten lassen.

6. Entfernen Sie die Zahnstocher vor dem Servieren.

**Gebratene Mandeln**
*10 Min. Zubereitungszeit / 5 Min. Ruhezeit / 25 Min. Backzeit*

## Zutaten für 4 Portionen:

- 1 Kg Mandeln, ungeschält
- 350 ml Wasser
- ½ TL Zimt
- 700 g brauner Zucker

## Zubereitung:

1. Erhitzen Sie 8 Briketts in ihrem Anzündkamin.

2. Vermischen Sie das Wasser mit 400 g Zucker und geben Sie den Dutch Oven Topf direkt auf die Hitze.

3. Verrühren Sie die Zuckermischung und lassen Sie diese solange köcheln bis der Zucker eingedickt ist.

4. Rühren Sie die Mandeln hinein und lassen Sie diese unter ständigem Rühren mit dem Zucker verschmelzen. Wenn der Sirup fast ausgenommen ist und karamellisiert, geben Sie den restlichen Zucker hinein.

5. Der restliche Zucker wird sich als Panade um die Mandeln legen. Diesen unter weiterem ständigem Rühren anbraten und die Mandeln herausnehmen. Lassen Sie die Mandeln auf einer Platte mit Backpapier auskühlen.

## Zutaten für 4-6 Portionen:

- 1 Ei
- 5 EL Erdnussbutter
- 4 Pfirsiche, gehackt
- 500 g Mehl
- 1 Päckchen Trockenhefe
- 1 Päckchen Vanillepuddingpulver
- 300 ml Milch, warm
- 50 g Butter, geschmolzen
- 1 EL Zucker
- ½ TL Salz

## Zubereitung:

1. Vermischen Sie das Mehl mit dem Puddingpulver, der Hefe und dem Zucker sowie dem Salz.

2. Die Milch mit dem Ei und der Butter vermischen und in das Mehl einkneten. Den Teig zugedeckt für 30 Minuten ruhen lassen.

3. Erneut durchkneten und ausrollen und mit der Erdnussbutter bestreichen, die Pfirsche darauf verteilen und den Teig einrollen, dafür die Seiten einklappen und von unten aufrollen.

4. Den Dutch Oven Topf mit Backpapier auslegen und bereitstellen.

5. Den Teig in 4cm dicke Scheiben schneiden und diese im Topf aneinanderlegen.

6. 10 Briketts unter dem Topf erhitzen und 10 auf den Topfdeckel legen. Den Kuchen darin für 40 Minuten ausbacken.

# Sahne Buchteln
### *20 Min. Zubereitungszeit / 3 Std. Ruhezeit / 45 Min. Backzeit*

## Zutaten für 4 Portionen:

- 1 Prise Salz
- 1 Hefewürfel
- 350 ml warme Milch
- 2 Eier
- 700 g Mehl
- 80 g Zucker, braun
- 100 g Butter, weich
- 250 ml Sahne
- 300 g Pflaumenmus

## Zubereitung:

8. Vermischen Sie die Milch und die Butter mit der Hefe, bis diese aufgelöst ist. Kneten Sie die anderen Zutaten, bis auf das Pflaumenmus und die Sahne, zu einem Teig.

9. Lassen Sie den Teig für 2 Stunden ruhen.

10. Danach den Teig ausrollen und zu 20 Kugeln formen. In jede Mitte einer Kugel etwas Pflaumenmus geben und der Teig darum erneut verschließen.

11. Gießen Sie die Sahne in den Dutch Oven Topf und legen Sie die Teigkugeln hinein. Lassen Sie die Mischung erneut für 60 Minuten ruhen.

12. Erhitzen Sie 20 Briketts und geben Sie jeweils zehn Stück unter den Topf und zehn Stück auf den geschlossenen Deckel.

13. Die Sahne Buchteln für 45 Minuten ausbacken.

**Karamelle Buchteln**
*20 Min. Zubereitungszeit / 3 Std. Ruhezeit / 45 Min. Backzeit*

## Zutaten für 4 Portionen:

- 1 Prise Salz
- 1 Hefewürfel
- 350 ml warme Milch
- 2 Eier
- 700 g Mehl
- 80 g Zucker, braun
- 100 g Butter, weich
- 8 Karamellbonbon, gehackt
- 250 ml Sahne
- 300 g Apfelmus

## Zubereitung:

1. Die Milch erhitzen und mit den Bonbons darin schmelzen.

2. Vermischen Sie die Milch und die Butter mit der Hefe, bis diese aufgelöst ist. Kneten Sie die anderen Zutaten, bis auf das Apfelmus und die Sahne, zu einem Teig.

3. Lassen Sie den Teig für 2 Stunden ruhen.

4. Danach den Teig ausrollen und zu 20 Kugeln formen. In jede Mitte einer Kugel etwas Pflaumenmus geben und den Teig darum erneut verschließen.

5. Gießen Sie die Sahne in den Dutch Oven Topf und legen Sie die Teigkugeln hinein. Lassen Sie die Mischung erneut für 60 Minuten ruhen.

6. Erhitzen Sie 20 Briketts und geben Sie jeweils zehn Stück unter den Topf und zehn Stück auf den geschlossenen Deckel.

7. Die Sahne Buchteln für 45 Minuten ausbacken.

**Apfel Ringe**
*10 Min. Zubereitungszeit / 0 Min. Ruhezeit / 10 Min. Backzeit*

## Zutaten für 4 Portionen:

- 4 Äpfel in Scheiben, ohne Strunk
- 1 Ei
- 100 g Mehl
- 100 g Speisestärke
- 200 ml Mineralwasser, medium
- 1 TL Backpulver
- 1 Zitronenabrieb
- 1 TL Zimt
- Etwas Puderzucker zum Bestäuben
- Öl zum Frittieren

## Zubereitung:

1. Vermischen Sie den Zitronenabrieb mit dem Puderzucker und etwas Zimt und stellen Sie die Mischung zur Seite.
2. Aus dem Wasser, Mehl, Speisestärke, Backpulver und dem Ei einen Teig herstellen. Den Teig für 20 Minuten ruhen lassen und erneut durchrühren.
3. Den Dutch Oven aufheizen und das Frittier-Öl hineingeben.
4. Die Apfelscheiben durch den Teig ziehen, kurz abtropfen lassen und in das heiße Fett geben, die Ringe sollten hellbraun bis braun sein und leicht oben schwimmen. Herausnehmen und auf einem Küchentuch abtropfen lassen.
5. Danach mit der Puderzuckermischung bestreuen und servieren.

**Apfel Hefekuchen**
*20 Min. Zubereitungszeit / 30 Min. Ruhezeit / 40 Min. Backzeit*

## Zutaten für 4-6 Portionen:

- 1 Ei
- 8 EL Apfelmus
- 4 Äpfel, gehackt
- 4 EL Rosinen
- 3 EL Rohkakao
- 500 g Mehl
- 1 Päckchen Trockenhefe
- 1 Päckchen Schokopuddingpulver
- 300 ml Sahne, warm
- 50 g Butter, geschmolzen
- 1 EL Zucker
- ½ TL Salz

## Zubereitung:

1. Das Apfelmus zur Seite stellen.
2. Alle anderen Zutaten gut verkneten. Den Teig für 30 Minuten ruhen lassen und ausrollen. Mit dem Apfelmus bestreichen und den Teig aufrollen.
3. Den Dutch Oven Topf mit Backpapier auslegen und bereitstellen.
4. Den Teig in 4cm dicke Scheiben schneiden und diese im Topf aneinanderlegen.
5. 10 Briketts unter dem Topf erhitzen und 10 auf den Topfdeckel legen. Den Kuchen darin für 40 Minuten ausbacken.

# Haftungsausschluss

Die Umsetzung aller enthaltenen Informationen, Anleitungen und Strategien dieses Buches ist auf eigene Gefahr. Für jeglichen Schaden kann der Autor aus keinem Rechtsgrund eine Haftung übernehmen. Haftungsansprüche gegen den Autor für Schäden materieller oder ideeller Art, die durch die Nutzung oder Nichtnutzung der Informationen bzw. durch die Nutzung fehlerhafter und/oder unvollständiger Informationen verursacht wurden, sind grundsätzlich ausgeschlossen. Rechts- und Schadenersatzansprüche sind daher ausgeschlossen. Das Werk inklusive aller Inhalte wurde unter größter Sorgfalt erarbeitet. Der Autor übernimmt keine Haftung für die Aktualität, Richtigkeit und Vollständigkeit der Inhalte des Buches, ebenso nicht für Druckfehler. Es kann keine juristische Verantwortung sowie Haftung in irgendeiner Form für fehlerhafte Angaben und daraus entstandenen Folgen vom Autor übernommen werden.